一般人にとっての『般若心経』

変化する世界と空の立場

幸津國生

The Emptiness in the "Heart Sutra"

色不異空
空不異色
色即是空
空即是色
受想行識
亦復如是

花伝社

「いま」めまぐるしく変化する世界の中で不安になりつつも
「むかし」からの空の立場を手がかりに
「これから」へと思いをめぐらせ
ともに人間として生きていこうとする人々に

一般人にとっての『般若心経』――変化する世界と空の立場――◆目　次

第3章 「色即是空 空即是色」「掲帝 掲帝……」 58

第4章 「空」の把握 105

――戦後日本の一般人向け経典解釈・一般人の立場からの解釈および近年の現代日本語訳――

第5章　一般人の立場と空の立場との関係　149

付論一　実践の原理に関する空の立場
――西谷啓治の「空の哲学」を手がかりに――　177

付論二　歴史物語としての『愚管抄』

はじめに

われわれは「いま」、めまぐるしく変化する世界に生きている。この世界にはわれわれが依拠することのできる何らかの安定したものはまったく存在しないようにも思われる。このような世界は不分明で訳が分からないという不安を感じない者がいるであろうか。このような世界を前にして、われわれはともすれば人間としてどのように生きるべきかという方向を見失いそうになる。そのとき、われわれは一人ひとり自己と世界との関係をどのように構築するのかを問わなければならないであろう。この問いに答えることなしに、われわれは自己の人生の意味を見出すことができないであろう。この問いへの答えをめぐって、われわれはあらためて人間として生きるための実践の原理への手がかりとなるような何かを求めないではいられない。

その際、不分明な世界のうちで日本に生きるわれわれにとって手がかりとなりうるものとして浮かび上がってくるのは、日本における「むかし」の文化的伝統である。その中に大乗仏教の「空」の立場がある。空の立場は、いまわれわれを取り巻く世界の状況を見るとき、とりわけ意味あるものであると思われる。というのは、空の立場から見るならば、いまの世界の状況において生じている物事の変化は何ら特別のものではなく、それはあらゆるものの変化の一部にすぎないことになるからである。

すなわち、空の立場は、われわれがいまの世界においてその変化故に不安のうちに置かれているのに対して、もともとあらゆるものが変化するのだから、いまの世界の変化もまたごく当たり前のものと捉えていることになろう。そうであるとするならば、いまの世界の変化についてわれわれはとくに不安になることもなく、変化というものについてどのような態度を採るべきかについても空の立場から示唆を受けることができよう。つまり、われわれにとってそれに則って生きるべき実践の原理となるものをそこに見出すことができるかもしれないのである。そこで本書は空の立場について考えてみたい。

ところで、空の立場について主題的に取り上げている経典として『般若心経』が、その中では「色即是空　空即是色」という対句が最もよく知られているであろう。そしてまた「掲帝《ぎゃてい》　掲帝《ぎゃてい》……」という真言（マントラ）もよく知られている。この経典をめぐっては伝統的に詳しく研究されてきた。しかし、そのような研究の蓄積を踏まえることは専門家に委ねる他はない。われわれにできることは、一般人として当の立場について考えてみること以外にはない。このことにどのような意味があるのかは分からない。しかし、「大乗仏教」とはそもそも一般人に向けられたものであるならば、一般人にとっての『般若心経』について述べることは、一般人の側から空の立場が持つ意味を明らかにすることになるであろう。

そこで「いま」の世界の状況のもとでのわれわれの態度を導くべき実践の原理をめぐってこの経典のこの対句・真言について一般人の視点から読者とともに考えたい。

第1章　本書の問い
——いま変化する世界の中で人間として生きるための実践の原理をめぐって——

本書の課題は、次の問いに答えるための一つの手がかりを得ることである。すなわち、「いま」めまぐるしく変化する世界の中でわれわれ一人ひとりが人間として生きるために実践の原理を求めるとき、大乗仏教における「空」の立場がどのような示唆を与えるのかという問いである。この問いに答えるための論究の前にまず当の問いが立てられる本書の視点、そしてこの視点に関わる本書の問いの理由および対象について述べる必要があろう。

1　本書の問いの理由および考察の対象——一般人の視点から

専門家と一般人

まず本書の視点について次のことをあらかじめ断っておかなければならない。すなわち、この問いが立てられる理由に内容上関わっていることであるが、ここでのこの問いへの視点が一般人の視点というきわめて限定されたものでしかないということである。この視点は当の立場について何らかの専門家（宗教者や学者・研究者など）によって立てられる問いに対応するような視点ではない。そうではなく、それは単なる一門外漢としての筆者によって立てられた問いに対応するような一般人の視点であるにすぎない。では、このような視点を採る根拠は何かが明らかにされなければならないであろう。

この視点は、われわれ一人ひとりが「人間」として生きるという次元に近い視点である。それは、おそらくもろもろの専門分野についての専門家が持つ視点とは区別されており、専門家の視点の根底をも貫いている人間一般の次元に近いものである限りで、これに対置されるものであろう。もちろん専門家の視点も人間一般の次元に根拠を持つものであり、この次元を深化・発展させるためにそこから生じてきたものであろう。ただし、この次元の深化・発展が望まれることは言うまでもないが、さしあたりはこの次元が専門化されることは不可避的であり、そのことによってもろもろの専門分野が確立されるのである。そして専門化が進めば進むほど専門家はまさに専門化された視点から世界を捉えるようになるであろう。そのとき、人間一般の次元そのものは背景に退いてしまうかもしれない。そのようなときには、一般人の視点は専門化されていないが故にかえって人間一般の次元により近いところにあることになろう。つまりそれは、もろもろの専門分野において背景に退いてはいるものの、しかしこれら専門分野の区別の根底を貫いている次元がそれとは必ずしも意識されないけれども本来の形に近い仕方で現われうる視点であると言えよう。

このことは、ますます多様にかつ複雑になりつつある「いま」の世界の状況に関わって不可避的になっているであろう。というのは、この状況のもとでは、一人ひとりの個人は専門の有無に関わりなく結局のところ人間一般の次元において何らかの態度を実践的に採らなければならないからである。すなわち、とくに一定の専門分野を持たない者はもちろん、たとえ何らかの専門分野に関わっている者であっても、その分野の知識のみによってこの状況に対応することはできない。このことは、われわれがいろいろな場面で一人の「人間」として振舞うことを意味するであろう。そのような「人間」として採るべき態度は、より具体的には一人ひとりの個人の一般人としての態度によって実践的に示される他はない。

しかし言うまでもなくこのことは、もろもろの専門分野が存在することを否定するものではない。そしてもろもろの専門分野が存在するようになることは不可避的なのだから、このことに伴って、専門家と一般人との区別が生まれることもまた当然である。この区別に基づいて一般人は専門家から学び、人間としての自己の生き方に活かすことができるわけである。その点での専門家の果たすべき役割はますます大きくなるであろう。そのとき、専門家同士もまた互いに一般人として学び合うこともあろう。そして自己の専門分野に関してもまた人間一般の次元では、専門家は他の専門家や他の一般人から一般人として学ぶこともあろう。さらに、専門家にはそれぞれの専門分野を背景にしつつも、むしろ一般人として人間一般の問題に対して取り組むことが求められよう。そのことによって専門家・一般人は全体としてともに人間一般の問題の解決に近づくことが可能になるであろう。このように、われわれ一人ひとりは実践的には一般人として相互に関わっているのである。

もちろん一般人は、利害に動かされたり権威に弱かったり流行に翻弄されるというような弱点をも持っているであろう。しかし、それとともに一定の専門分野に囚われることもなく、単純だが自由で率直な態度をも採りうるであろう。そして「いま」の世界における複雑で多様な状況においてむしろ一般人のそのような態度が求められているように思われる。ここで求められるのは、もろもろの専門分野の知見にも予断をもって接することなく開かれた態度であろう。そこには単に高度な技術を受容するだけではなく、その限界をも批判的に捉えた上でこの技術を適正に用いることを目指す態度も生まれるであろう。

めまぐるしい変化のなかで

次に何故本書の問いが立てられるのかについて、その理由を述べよう。それは、次の三つの点に示される事情のうちにある。すなわち、第一に「いま」われわれを取り巻く世界はこれまで想定されてはこなかったような非常な速さでめまぐるしく変化していること、第二にこの世界の中でわれわれ一人ひとりは、この変化を単純に受容することも拒否することもできず、むしろこれと向き合いつつ、これに対応する何らかの態度を採るという仕方で生きていかざるを得ないこと、第三にそのとき、もともとあらゆるものを変化のうちに捉える空の立場がわれわれの態度を導くべき実践の原理でありうるかもしれないことである。この事情はそれ自身独自に論究されるべき論点であり、これについては後述しよう（第2章参照）。

さらに本書における考察の対象は、前述のような限定的な視点に対応する仕方で次のものに限定されている。すなわち、それは空の立場を表す仏教経典のうち少なくとも名称については最もよく知られていると思われる経典、つまり『般若心経』であり、そしてその中でも当の立場を最も端的に表しているものとされ、また一般的に知られているであろう句、つまり「色即是空　空即是色」であり、そしてこの経典の最後に出てくる「掲帝　掲帝……」という真言である。（何故対象としてこの経典を取り上げ、その中でも上の句および真言に対象が限定されることについては第1章4参照。）

したがって、上に述べた本書の課題は次のことに限定されている。すなわち、「いま」の世界の状況のもとでわれわれ一人ひとりにとって人間として生きるための実践の原理をめぐる空の立場の意味への問いに関して、この経典の当の句や真言が提示しているものについて一般人の視点から論究し、この問いに答えるための一つの手がかりを得ることである。

2　自己と世界との関係への問いと空の立場

ところで本書の問いをめぐって、以上に述べた視点・理由および考察の対象について論究するにあたって、言及しておくべきことがある。すなわち、本書の問いがそもそも人間一般の次元に関わっているものである以上、この問いはわれわれ一人ひとりにとっての根源的な問いに結びついているということである。その問いとは、われわれ一人ひとりがそれぞれの人生において立てるであろう自己と世界との関係への問いである。

この関係の在り方は、われわれ一人ひとりのそれぞれの人生の内容をなすであろう。すなわち、われわれはこの関係を問い、この問いへの答えを探し求めつつ、そのことをめぐって喜んだり楽しんだりすることもあるけれども、しかし怒ったり哀しんだり（悲しんだり）することも多い。そしてとりわけ哀しみ（悲しみ）とともに悩んだり苦しんだりすることが多い。ただし、そのような悩みや苦しみがあるにもかかわらず、われわれはこれらと何とか折り合いをつけなくては生きていくことができない。それ故、われわれはこの関係への問いに何らかの仕方で答え、つまりそれぞれ独自の仕方でこの関係を構築することによってそれぞれの人生を生きていかなければならない。このようにして、われわれ一人ひとりはそれぞれの仕方でのそれぞれの人生を歩み続け、そしていつか最期を迎えなければならないのである。そしてわれわれはこの根源的な問いを、いついかなるときでも、またどのようなところでも、何らかの仕方で立てざるを得ないであろう。

このような問いの立て方は、少なくとも近代（ヨーロッパにおける近代市民社会を起点として）以降その影響のもとでいわばどのような文化的伝統のもとにおいてもほぼ共通しており、その意味で普遍的になっていると思われる。というのは、われわれ人間一人ひとりは次のような仕方で自己を捉えるようになるからである。すなわち、近代における「自我」という概念の成立以降人間は自己自身を対象として捉えるようになっている。このことは、さしあたりは世界のうちで安らっていた人間がすでにこの状態を越えていることを示している。というのは、人間はこの状態からやがて自己を世界から分離させて捉え、その上で自己を世界に対置するからである。このように自己と世界との分離・対立のうちにあることは人間にとって確かに不可避的なことである。しかしながら、人間はこの状態のうちに止まっているばかりではない。さらに人間は自己が何らかの仕方でこの世界との関係のうちに存在していると捉える（あるいはそのように分節されることはないにせよ、少なくとも感じる）ようになり、その上で自己と世界との関係をあらためて構築するという仕方で生きるようになったと考えられる。その限りで当の関係への問いは、人間一般にとって普遍的な問いであると言えよう。(註1)

このような問いの立て方からすれば、当の問いは「いま」の世界の状況のもとでわれわれ一人ひとりがどのような態度を採ることによって自己と世界との関係を構築するのかということに関わって立てられている。かくて本書の問いは、この根源的な問いに関わっていることになる。

文化的伝統

そこで言及されなければならないのは、では本書の問いがこの自己と世界との関係への問いとどのように結びついているのかということである。上に述べたように当の関係への問いが人間一般にとって普遍的な問いであるとするならば、一方では確かに或る個人はその個人がどのような文化的伝統に生きているのかということには関わりなくこの問いを立てることもできないわけではないであろう。このことは、「いま」やますます当たり前のことになっている。というのは、グローバル化において示される「いま」の世界の状況のもとでわれわれ一人ひとりが個人としてこの状況に直面せざるを得ず、それ故自己と世界との関係をどのように構築するのかについて直接的に問わなければならないからである。しかし、他方ではその問いの立て方はとりわけ日本において現われている世界の状況のもとでその個人にとっての「むかし」の文化的伝統によって規定されてもいる。

このように文化的伝統によって問いの立て方が規定されているということは、次のところに示されるであろう。すなわち、グローバル化という世界の状況において、この状況に一見反しているように思われるかもしれないものが呼び覚まされ、かえってよりはっきりと輪郭を現わすというところである。というのは、グローバル化による共通の基盤がその中にもともとあったであろう何らかの文化的伝統に基づく特徴を、したがってもろもろの文化的伝統相互の差異をあらためて明らかにすると思われるからである。その限りでは、この関係への問いは各個人がそこで生まれ育ち、そしてその影響のもとに生きる文化的伝統に関わるものとして立てられるであろう。

本書の関心は、この後者の方向に向けられている。すなわち、当の関係への問いはわれわれ一人ひとりのそれぞれの人生にとってその個人がどのような文化的伝統のうちに生きるのかによってそれなりに独自の仕方で立てられるという方向である。この方向において見るならば、当の伝統はわれわれなりの自己と世界との関係への問いをめぐってわれわれにとってたとえ必ずしも明確には意識されないとしても、すでにわれわれの問いの基盤をなす不可欠の要素として前提されているのかもしれない。

「いま」日本において現われる世界の中で生きるわれわれ一人ひとりにとってわれわれがそこで育っ

た「むかし」の文化的伝統を顧みよう。その中で見落とすことのできないものの一つとして大乗仏教における「空」の立場を挙げることができる。そしてとりわけ「いま」の世界の状況のもとでは、空の立場がわれわれを根源的な問いへと促す一つの契機となっていると思われる。もしそのように言いうるならば、他ならぬ本書の問いが立てられる理由をそこに求めることができるであろう（第2章参照）。

空の立場がそのような契機として捉えられるという前提のもとで、本書の問いをめぐってまず明らかにされなければならないことは、自己と世界との関係を問うわれわれ自身が空の立場によってどのように位置付けられるのかということである。その位置付けとは、端的にはわれわれが「迷い」のうちにあるということである。この迷いとは、現代における一つの解釈では別の表現としての「錯覚」（第4章3の柳澤桂子の議論参照）とされるものにあたるであろう。ここで問う主体としてのわれわれは、たとえ明確な意識をもって問いを立てたとしても、おそらく当の立場からは迷いあるいは錯覚であるとされるであろうようなところから問いを立てているのである。

悟りからはほど遠く

このわれわれの問いの立て方をめぐって、ここには一つの立場が生じている。すなわち、空の立場から見れば迷いあるいは錯覚とされるにせよ、そのような規定のされ方には関わりなく現われているところの、空の立場とは異なるわれわれの独自の立場である。本書は、われわれがこのようにわれわれ独自の立場に立つこととして捉えたい。このことは、われわれの視点そのものが一つの立場となることを意味するであろう。すなわち、われわれは本書の問いを一般人の視点から立てているのであるが、それを内容的に見れば、われわれは空の立場に立っているのではなくて、この空の立場に対する一般人の視点と言うときのこの視点そのものが一つの立場となる立場、つまり空の立場に対置される一般人の立場に立っているのである。

本書においては、このように空の立場と一般人の立場とが区別されている。空の立場に立つことが「悟り」であるとするならば、われわれはそのような悟りからはほど遠いところに立っている。すなわち、空の立場から見て、われわれは迷いのうちにあるとされるが故に空の立場に立つこととしての悟りに対置されるところにいることになる。確かにわれわれはさまざまな悩みや苦しみのうちに生きている。一般人のこのような事態に対しては、空の立場はこのわれわれの生き方のうちにわれわれの迷いを見出し、次のように説くであろう。この迷いを乗り越えて悟りに達することによってはじめて、われわれは悩みや苦しみから解放されるのだから、他ならぬこの迷いを乗り越えよ、と。

しかしながら、この迷いを乗り越える（とされる）ことがわれわれにとって唯一の在り方であるというわけではない。そもそもわれわれは、どうしようもなくそのような迷いに基づくとされる自己の生き方にこだわって生きている。つまり、われわれは、「いま」の世界の状況のもとでそのような態度を採り、それぞれの仕方で根源的な問いへの答えを見出そうとする仕方で自己の人生を生きることにおいて、そのような自己の生き方を実践しているのである。その場合、われわれはただおもしろおかしくしたり、ただ悩んだり苦しんだりして生きているばかりではない。われわれはまた、そのような生き方の中でこの生き方を導く実践の原理となるべきものを求めてもいるのである。もしこの実践の原理となるものを得ることができなければ、われわれ一人ひとりにとって「これから」の方向を見出すことは難しくなるであろう。「いま」のところ一般人であるわれわれは、空の立場から迷いとされる事態の中にあってそのような実践の原理を求めてはいる。しかし、われわれはこの原理をどこに、そしてどのように求めればよいのかを知らず、もがいたりあがいたりしている。そこでわれわれは、空の立場が実践の原理について示唆を与えるかもしれないという点について一般人の視点から論究しよう。

3　教えを説く者と聴く者

教えるとは?

ところで空の立場は、われわれ一人ひとりにとって単に一つの教えとしてあるのではない。言うまでもなく、そこにはこの教えを説く者がいる。先にわれわれに対して迷いを乗り越えるべきだとして教えが提示されると理解したのだが、その際留意されるべきことは、この「われわれ」とはこの教えが与えられる一般人ばかりではなく、このように説く当の主体も含まれている(はずである)ということである。ここに空の立場が「大乗仏教」のそれであることが示されよう。つまり、教えを説く主体は自己の救いばかりではなく、他者の救いにも配慮しているとされるのである。ここでは宗教の経典を取り上げる以上、教えの主体は人間の次元を超えたものとして捉えられなければならないのであろうが、そのことは一応措き、むしろここでは人間の次元において述べることにしよう。というのは、われわれ一般人はあくまで人間の次元において問いを立てているからである。

ここにこの教えをめぐって、これを説く者と聴く者との関係が生じている。つまり、ここにはこの教えの立場に関して二種類の人間がいることになる。一方では空の立場に立っている人間がおり、他方では空の立場には立っていない人間がいる。前者は専門家として位置付けられよう。これに属する人間としてはまず空の立場を信じる宗教者が挙げられる。そこには制度上の専門家である僧職に在る者およびそれ以外の信徒も属するであろう。さらに学問的に空の立場について詳しく知っている学者・研究者もこれに含まれよう。これに対してそのような立場には立っていない後者は一般人として位置付けられるであろう。

一般に人間は誰でもどのようなものであれ、一定の思想上の態度を採ることもできるし採らないこともできる。その限りで、少なくとも近代以降その個人は「思想・良心・宗教の自由」を発揮していることになろう。その結果採られたこの態度の一つとして、一定の宗教的立場があるわけである。ここでは、宗教的立場一般に考察の対象を限定しよう。そのとき、或る個人は一定の宗教的立場に立つこともありうるけれども、しかしそれとは別の他の宗教的立場に立つことももちろんありうるし、またそもそもあらゆる宗教的立場から離れた立場あるいは特定の宗教的立場を採らない無宗教の立場に立つこともありうる。つまり、あらゆる宗教的立場が相対化され、一定の宗教的立場に立つ人間とその立場に立っていない人間とが対比されるのである。その場合、一定の宗教的立場（ここでは空の立場）とは異なる他の宗教的立場に立つ人間もまた一般人として位置付けられるであろう。

しかし、ここでは次のような人間の採る立場を主として考察の対象としよう。すなわち、空の立場以外の特定の宗教的立場に立っている人間は一応措き、空の立場にそれなりの関心を持っているにせよ、あるいは何の関心も持っていないにせよ、とにかく空の立場には立っていない人間である。そのような人間は、おそらく空の立場から見て、空の立場に立つように働きかけを受ける可能性のある人間として位置付けられる人間である。したがって、専門家のうちに含まれるとした学者・研究者の中でもその学問上の知識にもかかわらず、必ずしも宗教上空の立場を信じているわけではない人間、つまり空の立場に立っているわけではない人間もまたその人間の採る立場そのものに関しては一般人に含まれる。

悩み苦しむ一般人

では、空の立場は一般人にとってどのように示されるのか、そしてそのことを一般人はどのように受け止めるのか。これら二つは合致するとは限らない。その受け止め方のうちに一般人の独自の在り方があるように思われる。すなわち、一般人に対しては、先に触れたように空の立場に立つ人間から見て、一般人が悩み苦しんでいる事態は迷いに基づくのだから、この迷いを乗り越えよ、と言われるであろう。このように言われたとき、一般人にとっても、そのように言われることがまったく分からないというわけではないであろう。そうではなく、それはそれとして根拠がないわけではないことと して、それなりに分かることもあるに違いない。確かに一般人の中には空の立場に立つ人間からの呼びかけに応え、空の立場を受け容れ、そのもとに自己の人生を導く実践の原理を見出そうとする個人もいるであろう。しかし、そのような個人もいないわけではないにしても、一般人の多くは簡単にはこの迷いとされるものから離れられないというのが本当のところであろう。このように、一般人は空の立場とは異なる立場に立っていると言わざるを得ないのである。

ここでは、一般人はその迷いを乗り越えるべき人間であるとされるような仕方で空の立場からはもちろんそれなりに位置付けられるであろう。しかし、そのような位置付けは当の立場からなされるものであって、一般人自身にとっては関わりがなく与り知らないものであろう。このことを逆に言えば、そのように当の立場とは異なるところに立つ限りで、一般人もまた自己の立場をそれなりに独立した仕方で持っていることになるであろう。

かくてわれわれの問いの立て方からみて、われわれはまさに一般人として問いを立てている。われわれが空の立場からはほど遠いそのような事態を乗り越えることができず、そこにとどまっている以上、われわれは一般人の立場に立っていることを自覚し、一般人の視点から空の立場を取り上げたい。

4　『般若心経』の取り上げ方

先に述べたように、空の立場を論究するために本書では『般若心経』を取り上げる。その理由は、この経典が他のどの経典よりも一般人にとってよく知られているということに尽きる（知られているのがその名前だけにすぎないにせよ）。もちろん、よく知られているということがこの経典が空の立場について取り上げようとするときに、対象として最も適切であるという事柄そのものを示すとは必ずしも言えない。しかしながら、そうであるにもかかわらず、われわれ一般人にとってよく知られているということはわれわれがまさに一般人であるが故に対象を取り上げる際の根拠となる。というのは、一般人が空の立場を取り上げようとするときに、何らかの経典を取り上げようとする限り、他ならぬこの経典を取り上げること以上に適切なことは考えられないからである。すなわち、少なくともわれわれ一般人にはそれ以上のことを求められても、この求めに応じることは不可能であり、われわれにとってさしあたりよく知られていることから出発する他はないのである。

ありがたいお経

さらに問題となる点が一つある。それは、ではこの経典をどのように取り上げるべきなのかという点である。伝統的には本書でのようにこの経典を理論的に論究することが必ずしも一般的に行われていたというわけではなく、むしろ実践的にこの経典を読誦《どくじゅ》することが求められてきたようである。またそれぞれの時代の一般人も読誦することによる功徳を求めてきたようである。このことは、この経典の根本的性格に関わっている。

この点について松長有慶の指摘（松長『空海　般若心経の秘密を読み解く』58-59）が啓発的である。すなわち、現行の漢訳にサンスクリットの原典には見当たらない「度一切苦厄」の語があるが、これは玄奘《げんじょう》が挿入したのではないかと考えられており（この語は玄奘訳以前の鳩摩羅什《くまらじゅう》訳においてすでに挿入されている。中村『般若経典　現代語訳大乗仏典1』174参照）、唐代に『般若心経』は除災の機能をもって流行していたその片鱗がここに現われたという。またサンスクリットのテクストにはもともとは「経」の名称がなく、つまりそれは経典ではなく「呪文」であったのだが、「般若波羅蜜多の呪」として信仰されてきた呪文が玄奘によって『般若心経』と漢訳されたためにもともとの在り方とは異なった「哲学的な考察」がなされるようになったという。すなわち「経典としての権威はそなわったものの、思想的な解釈が優先するようになり、大乗仏教の『空』の思想を簡潔に説いた経典として注目され、哲学的な考察が推し進められたと考えられるのである。その結果、一方の呪文としての機能は忘れ去られたとみてよいであろう」。そうだとするならば、このような「哲学的な考察」という取り上げ方に対して、[註2]「忘れ去られた」取り上げ方についてのこの指摘に学んでわれわれも『般若心経』の呪文としての側面を見る必要があろう。（この取り上げ方についての松長の指摘も興味深い。すなわち、そのような取り上げ方は空海のうちに見られるという。すなわち、空海の『般若心経秘鍵』はこの経典を呪文として捉えるところに焦点を置いているという（松長『空海　般若心経の秘密を読み解く』26-29参照）。それ故、われわれも空海の所説に言及することにしよう（第3章4参照）。）

かくてわれわれは、これら二つの側面を取り上げなければならない。そのとき、この経典を個々の句すべてにわたって全体として取り上げるべきではあるが、このことは筆者の能力を越えているので、専門家による解説書に委ねることにし、本書としてはこれら二つの側面の論究に課題を限定したい。まず「哲学的な考察」という取り上げ方については、空の立場について主題的に述べたこの経典の中でも「色即是空　空即是色」という句が一般人にもよく知られている。この経典を取り上げる理由と同様に一般人としてはとりわけこの句を検討する必要があろう。

さらに「忘れ去られた」取り上げ方、つまり『般若心経』のこの呪文としての側面については、とりわけ漢訳においても訳されずにサンスクリットの音のまま音読する部分が「真言」としてその雰囲気を濃厚に持っていると思われる（ただし発音はおそらく当時の中国流の発音によるものであり、それが現代においても唱えられるべきものとして伝わっているのであろう）。実際、現在も様々な仕方で読誦することが勧められている。つまり、経典を読誦すること、とりわけこの真言を唱えることが宗教的な実践となっているわけである。そのような用途に向けた非常に多数の出版物がある。(註3) このような方向付けでは、空についての哲学的な考察もあくまで呪文という宗教的な実践に向けて捉えるべきであろう。

以上に述べたように本書で取り上げるべきことは、次のことになろう。すなわち、空についての哲学的な考察とされてきたという側面と呪文としての側面とをそれぞれ「色即是空　空即是色」という句と真言として音読する部分とによって代表させ、かつ前者を後者に向けたものとして捉えるという仕方で両者を統合して取り上げることであろう。その際、このように両者を統合した上で問うべきことは、そこにもなお空の立場に対置される一般人の立場というものがありうるのか、あるとするならば、それはどのような立場なのか、そして空の立場にとって空の立場はどのような意味を持っているのか、言い換えれば、一般人の立場と空の立場とはどのように関係づけられるのかということである。

ひとつの困難

ところで、一般人の立場と空の立場との関係についての議論とは論点はずれるが、われわれが一般人であるということに関連して注意されるべきことがある。すなわち、一般人が空の立場に接近しようとするとき一つの困難にぶつからざるを得ないということである。その困難とは、そもそも空の立場を取り上げること、そしてわれわれにとっての空の立場の意味を問うことはわれわれの根源的な問いから生ずるのであって、歴史上多くの宗教者を中心に繰り返して問われてきたのであり、それ故にそれを取り上げるには多くのことが前提されるということである。すなわち、当の立場をめぐっては宗教上および学問上の伝統があり、哲学的な考察という側面と呪文という側面とを統一的に捉えるにせよ、空の立場を取り上げるにはその伝統を踏まえることが前提となっているのである。この前提なしには、一般人であるわれわれにとって直接、空の立場に近づくことは非常に困難である。

そこで問われるのは、そのような困難があるにもかかわらず、ここでわれわれが限定的な取り上げ方をすることにはそもそもどのような意味があるのかということである。この問いへの答えは当の立場そのものの意味の問いへの答えに関わっているであろう。この問いに本書は次のように答える。一般人にとってこのような困難があるということ自体がもともとの空の立場の趣旨に反している、と。というのも、空の立場は専門家である宗教者や学者・研究者によって探究されてきたわけだが、そもそもその探究は少なくとも大乗仏教が成立した後一般人に対して教えを説くためにこそ行われてきたはずだからである。そしてむしろこのように一般人に向けられたものであるということにこそ、とりわけ空の立場が「大乗仏教」の立場であることの意味があると思われる。内容的にも『般若心経』においては観自在菩薩が自己の到達した境地から舎利子に教えを説くという形になっている。この場合、舎利子は宗教者ではあるが、観自在菩薩の教えを受けるという点では一般人の代表という性格をも持っているであろう。(註4)

一般人として読み解く努力

空の立場はそのように一般人に向けられたものとして伝えられてきたに違いない。しかしながら、どれほど一般人のために説かれたものであったとしても、永い伝統の中では専門化が進み、空の立場をめぐる経典およびおびただしい研究文献が歴史的に蓄積されてきている。このような蓄積がなされることと自体はおそらく不可避的なことであろう。したがって空の立場を取り上げるためには少なくとも蓄積された多くの前提を踏まえなければならないことになってきたのであろう。その結果、空の立場そのものが説教の受け手であるはずの当の一般人には近づきがたいものになってしまったのかもしれない。もちろん宗教上の教義や学問上の学説が一般人向けに説かれたりするなど、一般人向けの努力は大いになされてきたし、なされているに違いないのではあろうが。そしてそのような努力が一般人にとっての経典の内容理解を促してきたことであろう。そこで経典の内容理解がどのようなものであったのかについて少しでも明らかにする必要があろう。本書においても、そのような努力の成果のうちで、一般によく読まれてきたものとして、高神覚昇《たかがみかくしょう》『般若心経講義』を取り上げて検討したい。そこには、この内容理解がどのような文脈のもとで進められてきたのかという点について一つの例が示されているであろう。(註5)

これらの前提についてこれらとどのように向き合うのかという点について言えば、これらについて研究することは専門家に委ねる他はない。しかし、そのような研究とは別に、そのように一般人にとっての困難があるにもかかわらず、問いを立てることとそのこと自体はいろいろな形で一般人によっても行われてきたことであろう。実際、例えば本書においてわれわれがそうしているように、「いま」日本においてこの問いを立てることは他ならぬわれわれ自身が行っていることである。そして、われわれがそのように問わざるを得ないということも確かである。そうであるならば、一般人としてのわれわれにとっても可能な何らかの仕方で問いを立てなければならないであろう。そのとき、一般人の立場を空の立場に対置することによって、一般人の視点が明確に示されよう。

その点に関連して空の立場に自己の立場を対置することで一般人の視点を提示しているものに水上勉『「般若心経」を読む――「色即是空、空即是色」――愚かさを見すえ、人間の真実に迫る』がある。この解釈を検討することで一般人の視点の意味をも明らかにすることができよう。とりわけ空の立場との対比において自己の立場を自覚するように促されて、この意味は明らかになる。

さらに、そのような一般人にとっても可能な仕方を探る上で興味深いことがある。それは、空の立場の意味をめぐる問いをめぐって近年少々事情が変わってきたということである。というのも、宗教上あるいは学問上ではなくても、空の立場について従来の枠を越えた人々が発言するようになってきたからである。つまりそれらの人々は、宗教者や学者・研究者として一般人に向けて語るというよりも、むしろ自らおそらく一般人として語っていると思われる仕方で空の立場をめぐって自己自身の言葉を語るようになってきたのである。それは、とりわけ新しい形での現代語訳が出版されている『般若心経』の場合に著しい。ただし、このような言葉が一般人の立場から語られたのかどうかは別問題である。というのは、この言葉で語られることが空の立場を受け容れた上でなされたものであるならば、そこではすでに一般人の立場は乗り越えられていると言わざるを得ないからである。しかし、そのような場合には、われわれはこの言葉から一般人がどのようにして空の立場に近づくことができるのかということについて学ぶことができるであろう。もちろんその場合でも、われわれがどのような立場に立つのかということはわれわれ自身に委ねられているのであるが。

そのことには、空の立場を必ずしも宗教上や学問上の対象とするのではない一般人の問いの立て方が示されている。すなわち、そこには一般人が「いま」の日本において現れる世界の状況のもとで悩みや苦しみを抱え、さらに自己の存在そのものについての根底からの不安をめぐって自己と世界との関係について問わざるを得ないということが示されているであろう。先に述べた近年の事情を端的に示すものとして本書で取り上げたいのは、柳澤桂子の「心訳」および新井満の「自由訳」である。そこでは一般人の立場を主張するというよりも、空の立場をそれぞれの仕方で受け容れることが他者からの借り物ではない自己自身の固有の言葉で語られている。もし、一般人が空の立場を受け容れるならば、それは例えばこのように受け容れるというその仕方が提示されている。そこには空の立場が一般人にとって持つ意味をめぐる問いへの一つの答えが示されている。この答えは、「いま」の世界の状況における空の立場が持つ意味の一端を明らかにするであろう。

筆者もまたそのような一般人のひとりとして、空の立場の提起する問題を受け止めたい。ただし、そのように言うだけは言うとしても、筆者には（研究史を踏まえることはもちろん）従来行なわれてきたような宗教的あるいは学問的な取り組みはたとえしたいと思ったとしてもできるはずがない。言うまでもなく、そのような前提を踏まえた仕方で空の立場を取り上げる能力が筆者には欠けている。そのような状態のもとで何かに取り組んだとしても、もちろん宗教上あるいは学問上で意味があることはできようもない。しかし、そのようなことよりも大事なことは、一般人としてどのように空の立場から学ぶのかということである。それ故、一般人のひとりである筆者にとっても何らかの仕方で当の立場に接近するために何か可能なことを見出さなければならない。もしそのようなことが見出されるとするならば、それは次のこと以外にはないであろう。それは、自己が存在していることとそのこと自体が根底から震撼させられていることと一般人なりの仕方で向き合うということである。その際、先にも述べたように空の立場が表明される経典について、一般人にも近づきやすい仕方で与えられているものを取り上げ、それと取り組み、それについての見解を直接述べるという仕方を採る他はない。そして宗教上あるいは学問上の蓄積に触れることについてもこれを一般人なりに可能な限り行なってそこから学びたい。

では、このような仕方で当の立場に接近しようとすることにどのような意味があるのか。この点についてはさしあたり何も分からない。しかしながら、そのような不明の状態のうちに置かれてはいるが、それでも次のことの一端を示すことにはなるであろう。すなわち、少なくとも空の立場が一般人にとってもそれなりの仕方で受け止められていること、そしてこのような受け止め方を示すことで空の立場がわれわれの問いへの答えの手がかりになりうること、その限りで空の立場が一般人にとって何らかの意味を持ちうることである。

かくて本書においてわれわれは、一般人としての一人ひとりの個人が「いま」の世界の状況のもとで、「これから」新しい仕方で自己と世界との関係を構築するために、「むかし」の文化的伝統のうちの空の立場から何を学びうるのかについて考えたい。

5　本書の論点

以上の問題設定から、本書では次のことが論究の焦点となる。その焦点とは、空の立場があらゆる存在者を「空」において捉えるとするならば、それは「いま」の世界の状況のもとでどのような意味においてなのか、そしてそのことがわれわれ一般人にとって生きる上でどのような意味があるのか、つまり「いま」の世界の状況のもとで個別的な存在者としての一般人と空の立場との関係がどのようなものなのか、という点である。

ここでは一般人にとって「いま」の世界の状況と空の立場とのそれぞれの持つ意味が重ね合わされている。では、それらがどのような点において重ね合わされているのか。それはあらゆるものが変化しているということである。一方では「いま」の世界の状況においては、あらゆるものが急速に変化しており、その変化は不変の（実体と呼ばれるべき）ものは存在しないということをますますわれわれ一人ひとりに分からせるような仕方で進行している。他方では空の立場はわれわれを含む人間一般ばかりではなく、あらゆる個別的な存在者が変化のうちにあり、そこには実体というものがないとし、したがって「空」であると捉える。つまり「いま」の世界の状況は「空」の立場から見れば、空の立場の正しさを証明しているかもしれないのである。かくて、われわれを取り巻く「いま」の世界の状況から見て空の立場をめぐるわれわれの問いは重要性を増していると思われる。というのも、「いま」

の世界の状況の中でわれわれ一人ひとりは何らかの態度を採るように迫られており、このわれわれの態度についての示唆を空の立場が与えるかもしれないからである。

では果たしてこれらの二つの事柄を重ね合わせて捉えることができるのかどうか、それぞれについて検討する必要があろう。すなわち、まず「いま」の世界の状況がどのようなものであり、それに対するわれわれ一般人の態度がどのようなものであるべきかについて、まさに本書の問いを立てる理由となる独自の論点として取り上げなければならない。

次いで、空の立場について論究しよう。その際、空の立場をめぐっては一つの問いを明らかにする必要がある。すなわち、空の立場において、実体のないものとして捉えられるような存在者が存在しているということ自体、つまり存在者の存在そのものはどのように根拠づけられるのか、という問いである。もしそのような存在そのものは「空」であるとするのが空の立場の答えであるとするならば、これではほとんど同語反復になってしまい、答えにはなっていないと言わざるを得ない。というのは、空の立場においては実体のないものとして捉えられる存在者が存在していることがすでに前提されており、このこと自体は問われないままになるからである。それ故、このような存在者がそもそも存在するとはどのようなことなのか、どのような意味で存在するのかを問わなければならないであろう。

この問いは、空の立場を展開した仏教経典のうちで最も一般的に知られている『般若心経』のうちで主題化された事柄に向けられている。それは、日本においては伝統的に影響の大きかった漢訳経典における訳語に基づいて「色」と「空」との関係、すなわち「色即是空　空即是色」(玄奘訳に従う)

という対になっている句として取り上げられた事柄において示されている。この経典は「いま」宗教上のものや学問上のものであることを越えて、一般的な広がりをもってさまざまな形で受け止められている。そしてその中で当の句は一般人にとってよく知られているであろう。この広がりの中ではこの句をめぐって空の立場がどのように受け止められているのかを一般人の視点から問わなければならない。

そこで本書の論点は次の四点になる。すなわち、第一に本書の問いの理由となる「いま」われわれを取り巻く世界の状況はどのようなものなのか、そしてこの状況に対するわれわれはどのような態度を採るべきなのか（第2章）、第二に『般若心経』における空の立場はこの経典における「色」と「空」との関係、すなわち「色即是空　空即是色」についての学問的な議論に即してみるとどのように捉えられるのか、そしてこの捉え方に「掲帝、掲帝……」の真言がどのように関わるのか（第3章）、第三に空の立場が一般人向けにどのように紹介され、そこでどのような問題提起がなされてきたのか、そして一般人の立場からどのような応答がなされたのか、さらに現代における新しい仕方でのこの経典の現代語訳によってどのように空の立場へのアプローチが試みられているのか（第4章）、第四に結論的に上の三点を踏まえつつ、一般人の立場と空の立場との関係において後者の立場は一般人にとってどのような意味を持っているのか（第5章）、という点である。

第2章　「いま」われわれを取り巻く世界の状況およびこの状況に対するわれわれの態度

そもそも何故本書の問いが立てられるのか、そしてこの問いについて限定された取り上げ方をするのか、その理由が示されなければならないであろう。その理由は次のことのうちにある。すなわち、「いま」われわれがその中で生きている世界の状況およびこの状況に対するわれわれの態度から見て空の立場の意味が問われるということ、そして本書での取り上げ方こそ、われわれの求めていることであるのかもしれないということである。では、この理由には果たして根拠があるのか、このことが吟味されなければならないであろう。この吟味のために、先に述べたように次の三つの点に示される事情を検討しよう。

すなわち、第一に「いま」われわれを取り巻く世界はこれまで想定されてはいなかったような非常な速さでめまぐるしく変化していること（1）、第二に先の世界の状況に対するわれわれの態度についてこの世界の中でわれわれ一人ひとりは、この変化を単純に受容することも拒否することもできず、これと向き合いつつ、これに対応する何らかの態度を採ることで生きていかなければならないこと(2)、第三にそのとき、もともとあらゆるものを変化のうちに捉える空の立場がわれわれの態度を導くべき実践の原理でありうるかもしれないことである。この点については『般若心経』における空の立場(第3章参照)および空の立場についての専門家による一般人向けの解説・一般人の視点からの解釈および現代語訳について(第4章参照)考察した後に取り上げよう(第5章参照)。

1 「いま」われわれを取り巻く世界の状況——グローバル化による変化

めまぐるしい変化

「いま」われわれを取り巻く世界の状況を特徴づけていると思われる点として本書で取り上げたいのは、世界が従来想定されていた仕方を大きく越えて非常な速さでめまぐるしく変化しているということである。一般に世界が変化するということ自体は誰でも受け容れざるを得ないことであろう。しかし、「いま」生じている変化は世界の変化一般の中で特殊な在り方をしている変化であると思われる。すなわち、変化一般の中でもとくに取り上げるべき当の変化の特徴として、そのめまぐるしいテンポの速さが挙げられよう。

そのような変化の在り方は、一人ひとりの生命に関わるミクロのレヴェルのものやグローバル化のようなマクロのレヴェルのものなど同時多発的に多様な仕方で生じている。そのことによってあらゆることが高速度で展開するようになり、高度で複雑なシステムのもとに組み込まれるようになった。(註6) このような変化は「いま」われわれが生きている世界において時代の不可避的な趨勢となっている。この変化がわれわれに与える影響はどのようなものであるにせよ、われわれの存在そのものに関わる重大なものであろう。しかし、ここでの変化が「いま」まさに進行中であり、われわれにとってその影響がどのような意味を持っているのかについては容易に判断することができない。というのも、ここでその影響の意味についての問いへの答えは次のように限定されたものになるからである。すなわち、この問いに答えるためには全体を見通すことが不可欠であるが、それへの答えが肯定的にせよあるいは否定的にせよ、あくまで変化の真只中で行われることである以上、そもそも全体を見通すことは不可能なのである。それ故問いそのものを暫定的に立てる他ないのであり、それ故そのような前提のもとでこの問いに暫定的に答える他はない。

そこでさしあたり次のように答えよう。一方では、この変化によってこれまでは不可能であったことが可能になったことも多いに違いない。そのことが人間一般にとってさまざまな便宜を与えることも少なくないことであろう。その限りで、それは肯定的に評価されなければならないであろう。しかし、他方で人間一般についてはともかく個々の人間の次元で考えた場合、それがすべての個人にとって同じように肯定的に評価することができるものであるのかどうかは検討しなければならないことである。本書で問いたいのはとりわけ後者の点について、すなわち、そのような状況が一人ひとりの個人にとって、したがってその日常生活にとってどのような影響を与えているのかということである。

言うまでもないもないことだが、「いま」の世界の状況を特徴づけるものとして起こっている変化もまた一般に世界が変化するときのその変化の一部をなすものである。したがって、そこにはもちろん他の変化と共通の事情があろう。しかしながらそれは、通常それなりに理解され受容されている変化とは異なっていると思われる。つまり、それはこれまで変化として捉えられてきた変化、例えば季節の移り変わりによる自然の変化のような変化ではない（高神における自然の変化の議論について第4章1参照）。おそらくそれは高度に発達した人間の活動によるものであろう。ここで問われるべきことは、当の変化が世界一般の変化の中でどのような意味で取り上げられるべきなのか、そこには特殊な意味があるのか、あるとすればどのような点で特殊な意味があるのかということである。この問いに答えるためにはそのような変化を推し進めている要因を明らかにする必要があろう。すなわち、世界の変化の在り方をめぐって「いま」の世界の状況における変化がそのめまぐるしいテンポの速さによって特徴づけられるならば、そこには従来存在しなかった要因があろう。

そのような要因の一つとしてIT（情報技術）化が挙げられよう。その背後ではおそらくグローバル化のもとで市場原理による利益を軸に様々な利益が成果として追求され、その追求の結果としてIT化が推し進められているのであろう。このような背景については独自の探究が必要であり、これについて述べることは本書の範囲を越えている。しかしながら、最小限言及されるべきことは、このIT化が高度に発達した人間の活動によるものであるということである。このことは、自己と世界との関係への問いにおいて重要な意味を持つであろう。(註7)

というのは、われわれ自身がその一部である人間の活動一般はその高度に発達した在り方のもとで自己と世界との関係の在り方を変化させたであろうからである。そうであるとすれば、われわれは人間の活動一般が当の関係を変化させることによってもたらされた問題に直面していることになる。そこから導かれることは、われわれにとってわれわれ自身を含む人間の活動一般によって生み出された世界との関係が変化するということ、そしてわれわれはこの変化がもたらす問題に直面しているということ、したがってこのような世界に対して新しい態度の採り方が要求されているということである。すなわち、われわれが直面している変化に対して、われわれは従来の変化に対して採ってきた態度を超えた態度で対応しなければならないであろう。つまり、われわれはわれわれ自身がその一部である人間が産み出したものに対して、従来とは異なった新たな対応を求められているのである。このときに人間一般の次元を前提しつつも、さらに他ならぬ個人の次元で問いを立てるならば、個人が自己と世界との関係を問うとき、そこでは個人は従来よりも直接的に「自己」の在り方を、そして「世界」の在り方を問わざるを得ない。というのも、「自己」とは「世界」をこのように変化させ続ける人間の一人としての自己であり、「世界」のめまぐるしい変化とは他ならぬ自己を含んだ人間が産み出したものである以上、「世界」がどのような在り方をするのかは自己に直接に関わるものとして問われるからである。

日常生活において

ここでこの変化の意味をめぐって個人が日常生活において直面している次の事態に注目したい。すなわち、ＩＴ化の追求がそれ以前には考えられなかった規模で情報を膨大に蓄積し、蓄積された情報によって世界（自然・社会）が変化させられ、そのことがまたこの蓄積を加速度的に増大させているという事態である。このＩＴ化に伴う事態の結果として起こるのは、一人ひとりの個人にとっては彼らの日常生活が膨大に蓄積された情報の全体の一部として組み込まれること、その中で個人にとっては日常生活が急激な変化の影響を受けること、その結果少なくない個人にとってこの変化のもとでは従来の仕方での彼らの日常生活を送ることが困難になるということ、そこで個人にとってどのような態度で日常生活を送るのかについて直接的に自己自身が決定するように迫られること、そしてほとんど不可避的に自ら日常生活を変えなければならないことなどである。

このように一人ひとりの個人にとって日常生活をそれぞれの仕方で送ることが困難になる変化とは、限度のない速度で進められるような変化であろう。この変化をどのように規定するのかという問いについて答えることもまた本書の範囲を越えている。しかしながら、これまで理解され受容されてきた変化に比べてこの変化が極度の速さで生ずるとすること、そしてそのことがこれまでとは根本的に異なった特別の事情を生み出していると想定することは許されよう。すなわち、このような状況においてＩＴ化はわれわれの日常生活のあらゆる側面を、つまり自己と世界との関係を瞬間ごとに変化させるという事情である。

この事情のもとで一方では確かに個人は情報の受け手であるばかりではなく、情報発信の主体としても登場する。そのことによって或る個人にとってこれまでもそれなりに自己表現の機会があったとしても、それをはるかに上回る無限の可能性が開かれるという側面があるということを認めなければならないであろう。あるいは、これまで情報発信の可能性がほとんどなかった個人にとってやっとそのような可能性が開かれるということもあろう。(註8) しかし、他方ではそれだけ個人が直接的にシステムとなったＩＴのネットワークの中に組み込まれるということでもある。このネットワークがわれわれの日常生活には張りめぐらされており、われわれはわれわれ自身がその網の目のひとつとしてこのネットワークの中に否応なしに組み込まれている。このネットワークの在り方が急速に変化しているわけだが、この変化のうちにわれわれは晒されているのである。つまり、一人ひとりの個人は自己の存在そのものをめぐって直接的に、そして根底的に世界の変化と向き合わざるを得ないのである。ここに「いま」自己と世界との関係について、とりわけ自然の変化を越える世界の変化におけるそれについて探究しなければならない理由があると思われる。言うまでもなく、ＩＴ化に見られる人間の高度の活動は自然の変化の在り方に大きな影響を与えている。(註9) したがって、個人にとっては従来よりも高度になった仕方で自己と世界との関係を構築することが不可避的になるのである。

かくてＩＴ化において生じていることは、物事が変化する中でもおそらくこの変化すること自体が従来考えられなかった極限にまで推し進められるという事態であろう。この事態は、「いま」に止まることがなく、つねに「これから」へと向かっている。そこでは「これから」への進行は、すでに蓄積されたＩＴによって作り上げられた膨大で複雑なシステムを強固な前提としている。そこではこの前提に従うように促す「これから」への方向付けだけが強められ、これ以外の方向付けは存在することができないと思われるほどである。それは、他の方向はありえない仕方でその方向付けがなされているという意味において一元的な方向付けである。

対応しきれない個人

この方向付けのもとでは次の問題点が生じよう。そこでは従来の枠組みでは考えられないような新しい可能性とともに、個々の人間が自由意志に基づくとしても、この方向への自由競争に加わるように事実上強制されることになるという問題点である。これは個人にとってどこまでも自己の在り方を明確に他の諸個人に示すことになる限り、(註10) 自己を表現する可能性は無限大に膨らむのであろう。ただし、そこに加わらない個人にとってはすでに出来上がってきた世界が前提されざるを得ず、従来の社会における格差とは別の仕方で個人の内面に浸透するような競争に個人が晒されることになるであろう。そこでは当の方向のみが進むべき方向として前提され、したがってそれ自身が自明のこととされよう。この方向はその中で生きている人間の実感に基づくものであり、そこには何ら障壁となるものはないようにも思われる。この点はまさに人間の「集団的実践」(立川『空の思想史』336の表現、註31参照)によって事態が進められていくのであろう。その場合、どのような方向に進むべきなのかについて、したがって「これから」の内容がどのようなものなのかについて吟味されなければならな

いであろう。(註11)

もちろんわれわれが「これから」どのような方向に進むべきなのかという問いは根源的な問いであり、これに答えることは容易にできることではない。しかし、この問いへの答えを得るための手がかりをたとえわずかでも見出していくことが必要であろう。というのは、このような努力が行われなければ、われわれに残されるのはただ状況の進行するままにこの変化を受け容れる他はないことになるからである。そのように振舞うことは、自己と世界との関係への問い、したがってわれわれの人生への問いを放棄することにつながるであろう。そのためにさしあたりここで問題としたいのは、このような方向付けだけが強められる結果、ますますその方向への動きがテンポを速めており、そのことによって一人ひとりの個人にとって根源的な問いそのものがほとんど立てられる余裕がなくなり、その結果その方向の在り方について吟味されることがなくなってしまうということである。

この問いを立てるということは、自己と世界との関係をどのように構築するのかという問いを立てることとである。このことにとって重要なのは、世界がどのような在り方をしているのかが明らかになっているということである。その点で注意されるべきことは、めまぐるしく世界が変化し、この変化のうちでそもそも「いま」が安定した位置を持たないということであろう。このように「いま」が不安定になるということは、自己と世界との関係への問いが不可能になるということを意味するであろう。すなわち、「いま」がつねに「これから」へと向けられ、安定して存在することができないような状態になっているとき、自己と世界との関係は瞬間ごとに不明なものに変化せざるを得ないのであり、それ故われわれにとってこの関係を問うことが不可能になるのである。したがって、われわれがこの関係への問いを立てるためにはわれわれにとって「いま」が安定しているということが不可欠であろう。

ここから生じてくる問いは、われわれにとって「いま」が安定しているのかどうか、つまりわれわれが果たして世界の変化に対応することができるのかということである。確かにかなりの多くの個人は何らかの仕方でこの変化に対応することができるのであろう。しかし、そのような場合がほとんどすべてであるとは必ずしも言えないであろう。むしろわれわれのうちでこの変化に対応することができないでいる個人もまた少数にせよ存在するのではあるまいか（実は筆者はその典型と言わざるを得ない一人である）。これらの個人は、この変化に対応を迫られつつも、そもそもこの変化がどのようなものなのかということについて、とりわけ多様な仕方で生じている変化がどのように相互に関係しているのかについて、結局のところその全体像について何も分からないまま生きているのである。このようにその全体像について何も分からないままであるにもかかわらず、それらの個人にとってはあらかじめ与えられたこのような状況が彼らの日常生活に浸透していると言えよう。

そのような状況にある個人にとって、世界は混迷の度を深めており、まったく理解不可能と言ってよいほど訳の分からないものとなるであろう。そしてこの状況の中にある限り、その個人は世界のことが分からないという不安のうちに置かれることになるであろう。この分からなさはその個人にとって大きな不安となり、個人をこの不安の中に放り出す。この不安の理由は、その個人が自己と世界との関係を見失ってしまっていることのうちにあると思われる。もしこの関係がどのようなものなのかについて個人にとって何らかの仕方で明らかになっているならば、何か問題が生じて不安になっても、その個人にはそれなりに自己と世界との関係において生じた不安を解消して安心へ、つまり自己と世界との関係をそれなりに構築することへと向かう筋道が見えてくるであろう。すなわち、そのときには「いま」はそれなりに安定し、そこでその個人はこの筋道の認識に基づいて「これから」生きていくことに見通しを持つこともできるであろう。そしてそのような認識を実践し、それを具体化し、またその上に新たな認識を得て、それを実践するという生活を日常的に送ることができるであろう。つまり、一般にわれわれが安心して生きていくことができるためには、自己と世界との関係が明らかとなっていることが不可欠なのである。

ところが、「いま」が不安定となり、そのもとで自己と世界との関係が少なくない個人にとって不明なものになってしまっているとすれば、どうであろうか。もちろんさしあたりはこの関係が不明になっているわけではないという個人もいるであろう。しかし、そのような個人も世界の変化によってその生命に関わるような形で健康を損なったり事故や災害に遭遇したりするかもしれない。社会的に差別されることになったり格差のうちに置かれたり最低限度の生活も保障されないかもしれない。文化的にもそれまでのライフスタイルを維持することができなくなるかもしれない。(註12) もし世界の変化というものがそのような問題を解決する方向にあるならば、そこには個人にとって自己と世界との関係は明らかであり、個人としての態度の採り方も明らかになるであろう。しかし、ここでむしろ世界の変化のこの方向自体が自明なものとして前提され、それについて吟味されることなく、個人にはこの方向に従うことのみが要求されるという事態が生じているのであるならば、自己と世界との関係は不明になっていると言わざるを得ない。

ここではわれわれは、さしあたり「いま」の日本という限定を受けた世界においてわれわれにとって自己と世界との関係が不分明となっている状況について考えている。しかしながら、言うまでもなくこのような状況はグローバル化がもたらした格差の拡大にともなって差別が固定化されたり貧困が増大したりすることなどのように人間であることを否定する様々な形で地球上のいくつもの地域で同時に起こっている。これらのことによって、そのような個人にとってもそれまでの自己と世界との関係は不分明なものになってしまうであろう。世界は多様な仕方で変化しているが、それがいつどのように変化するのかは予測することができない。したがってそのような事態のもたらす問題は、誰にとってもいつでも起こりうる問題であり、地球上の人間すべて、一人ひとりの個人にとっての問題なのである。

それ故われわれは、あらためて自己と世界との関係をめぐって次のような問いに答えるように迫られていると言えよう。すなわち、この変化しつつある世界とは何なのか、そして同時にこの世界と向き合うわれわれの自己とは何なのか、さらにこのわれわれの自己はこの世界の中においてどのように位置付けられるのか、要するに「これから」われわれは自己と世界との関係をどのように構築するべきなのか、という問いである。

2　「いま」の世界の状況に対するわれわれの態度——ＩＴ化の中で

われわれは、このような問いに答え、何らかの態度を採るように迫られている。一般にわれわれはこのような問いに答えるように迫られるとき、もしこの問いに答えようとするのであれば、さしあたり何か手がかりになりうるものを求めるであろう。というのも、何らかの手がかりなしには、われわれにとって生きていくこと自体が難しいからである。その際、われわれは或る程度は意識的に、あるいは意識しないうちにすでに何らかの手がかりによって漠然とした仕方であっても、このような問いを立てこれに答えているのであろう。そのようにそれぞれの仕方で、われわれはとにかく自己と世界との関係について折り合いをつけることで日常生活を送っていると言うこともできるであろう。

この手がかりになりうるものとしては、各個人はそれぞれにとっての何かを見出しており、したがってその何かは個人によって異なるとも考えられるであろう。しかし、その中でもかなり一般的になっているものもあろう。それが一般人にとっては手がかりとなるかもしれない。ここで問われるべきものは、或る具体的な何かというよりもむしろ一般人が何かを手がかりとする場合のその何かへの態度である。そこに一般人なりの態度があり、その態度によって各個人にとっての何かが捉えられていると思われる。

時代の趨勢への態度

一般人にとって手がかりとなりうるその何かの一つとしては、まずわれわれがそこに置かれた状況のもとで求められるいわば時代の趨勢というものがある。このものをめぐってはわれわれの態度は大きく二つに分かれるであろう。すなわち、これを受容するのか、あるいはこれを拒否するのか、という二つである。これら二つの間にはさまざまなヴァリエーションがありえよう。以下二つの態度のそれぞれについて、それらがどのようなものであるのか、そしてそこにどのような問題があるのか、考えてみよう。

多くの人々は第一の態度をとり、時代の趨勢に合わせてそれまでよりも積極的に対応しようとするであろう。その場合個人の態度として求められることは、とりわけＩＴ化に対応できるように様々な技能を身につけることであろう。このような技能を身につけることは、個人一人ひとりに対してそれなりに努力することを要求するであろう。しかし努力の結果それを身につけることは、なかなか快いことであり、その個人に自己を確証する喜びを与えるかもしれない。個人はその技能を発揮して多数の人々とコミュニケーションをとり、新しい形のコミュニケーションを創り出すことができる。とりわけこれまで自己表現の機会が限られていたと感じていた人々にとって、その機会が得られたということは貴重なことである。そこに従来考えられなかった広がりを持った世界が個人にとって開かれるわけである。その場合、往々にしてこの技能を獲得する過程がますます進行し、個人はこの過程の要求するテンポで自己の日常生活を送ることを余儀なくされもするであろうが。というのも、多くの場合技能の獲得は何らかの成果達成のために要求されるのだから、その目標に向かって外側から強制されることもあるからである（積極的にではなくとも、むしろそのようにせざるを得ない人々、例えば職業上不可欠なこととして要求される場合については言うまでもない）。その限りで個人はつねに受身の状態に置かれることになろう。

そのような態度の結果として、時代の趨勢の産み出すシステムから個人の利益を引き出そうとする態度も採りえよう。実際、個人はそこから何らかの利益を受けることができるようである。この場合このシステムに受身になって従うというより、これをより積極的に支持する傾向が強められるであろう。(註13) 先の場合のように積極的に何か技能を身につけ、新しいコミュニケーションの形を創り出すために努力するというほどではなくても、個人にとって時代の趨勢についていく態度を採るならば何らかの利益が得られるということである。この趨勢についていくのは、それなりに楽しいことであり、便利この上ないものであって、これを自己のものとすることは自己を取り巻く世界の状況の変化に後れてはいないという安心感を与えるかもしれない。そればかりか、その個人は日常のこととしてIT化の恩恵を受け、とくにそのことを意識することもなく、自己の生活にとって不可欠のものとしているであろう。この場合、ITというものの性格上その時々で変わるものであって一つのものに止まっているのはつかの間であり、それが変わってしまったときには急いで新しい仕方を追いかけなければならないことにもなろう。そうであるとすれば、この趨勢についていくという態度を採る限り、個人は結局のところ受身のままに置かれてしまうということにもなるであろうが、それも一つの選択であると言えよう。

宗教的世界としてのネットワーク

このように多くの人々がネットワークに加わり、時代の趨勢がますます確立していくわけである。その結果、ＩＴ化はあらゆる情報を全体として見渡すことを可能にするような段階に達しているようである。このことはネットワークが全体として或る種の宗教的世界を構成するようになったことを意味するであろう。(註14)そこでは個人は、その事態について意識することがないまま結果的に宗教への信仰に類似した態度を採ることになろう。

ここには一般人の立場と全体を見渡す立場との区別が明瞭に示されている。すなわち、一方では日常的に個々の事柄で関わることで全体のシステムを見渡すことなく、これに依拠する一般人がおり、他方では個々の一般人によって支えられ彼らの動きの集積でありつつも、これら諸個人とその動きとには解消されえない全体としてのシステムがある。このように言えば、このシステムは人間の次元を超えていると思われるかもしれない。しかしそうではない。システム全体はもちろん人間によって管理されている。すなわち、そこには管理者がいる。彼らはそのシステムを管理し、諸個人とシステムとを結びつける専門家である。そのようにシステムそのものと管理者とは区別されようが、しかし管理者自身がシステムを構成している一員でもある。その限りで彼らはシステムと一体化している。これは宗教の場合と似た状況である。彼らは宗教の場合で言えば、同じく宗教者として数えられるとしても一般の信徒とは異なる宗教者（仏教で言えば僧職者）にあたるであろう。

さらに管理者以外にも管理者と同じようにに当のシステムにアイデンティティーを持ち、これを支える専門家（註15）もいるであろう。つまり宗教一般における学者・研究者と似た役割を果たすことになろう。もちろん宗教上彼らが発言する場合、その立場は特定の信仰を持つ宗教的立場であろう。しかし、学者・研究者の中にはそのような立場を採らない場合もありうる。つまり彼らはその宗教について研究するけれども、しかし信仰という点では宗教的立場そのものを自己の立場とするのではなく、この宗教的立場からは一定の距離を取ることもあろう。そのとき彼らは信仰の上では一般人と同じわけである。これと同様にITによるシステムおいても専門家の中に一般人と同じ立場を採る者もいるであろう。

時代の趨勢を拒否できるか

もちろん信仰をめぐってここで述べたことは宗教一般と当のシステムとの間の類似点についてそのように述べたにすぎない。ITによる現実のシステムは完全に世俗的なものであり、特定の宗教とは別のものであることは言うまでもない。それは、そもそも宗教一般とは別のものであろう。しかしながら、IT専門家によって何らかの表象で語られる世界は、宗教一般において世界について語られるときと類似したものになろう。すなわち、一般人とITによるシステム全体との間には、あたかも宗教一般における一般人と宗教的立場との関係と類似した関係があると言えよう（後に見るように、われわれは『般若心経』における空の立場をめぐって同様の関係を見出すことになる）。すなわち、このシステムはあれこれの現実の宗教の違いやもろもろの文化の違いを超えたグローバルなものである。それは、確かにそこにあらゆる情報が集約されているような全体が世界としてわれわれの前に現われていて現実に存在していることを日常的に感じさせる。個人に対するシステムの支配がそれだけ全面的になり、個人は完全にシステムによって包まれてしまうようにも思われる。そこで、われわれ一人ひとりにとって自己と世界との関係への問いを立てることが不可避的になるとも言えよう。ということは、逆に言えば、自己と世界との関係への問いという枠組み自体がグローバル化によって現実的なものになるということであろう。

「いま」われわれを取り巻く世界の状況は、それに対するわれわれの態度としてわれわれ一般人に日常的に例えばこれらの態度を採るように迫るものである。これらのものについていくということによって、個人の日常生活はその瞬間ごとにより密度の高いものになり、快適なものになることもあろう。ただし、そのような態度を採ることで個人の日常生活は何らかの成果達成のためにあらゆることを従わせることになり、あわただしい時間を過ごすことになるかもしれない。しかし、IT化を受け容れる限り、これらの態度を身につけることは不可避的であるとも考えられる。つまり、そこには自己と世界との関係について一元的な方向付けがなされており、この関係の別の在り方を考えることができないことになろう。この方向付けのもとで、とにかくその方向を受け容れるという仕方でわれわれは自己と世界との関係について折り合いをつけているのであろう。

もちろんこのような態度とは反対の第二の態度として時代の趨勢を拒否するという態度を採ることもまったく不可能であるというわけではない。しかしながら、実際には時代の趨勢を拒否するといっても、それが実際どの程度可能なのかが問題となろう。というのは、「いま」の世界の状況において時代の趨勢というものは、とりわけＩＴ化に関する限り、これと無関係には生活しえないほど個人の次元で浸透しているからである。それ故、個人が時代の趨勢に対して、ただ自己の態度としては積極的には関わらないということに止まるにすぎないことになるであろうが。そうだとするならば、自己の態度としては拒否するとしても、時代の趨勢の中でこの拒否することをどのように貫くのかということにならざるを得ないであろう。これもまた自己と世界との関係の構築をめぐってその一つの仕方として位置付けられよう。もし時代の趨勢と関わらないことがほとんど可能ではないとするならば、時代の趨勢と関係すること自体から離れることは主観的にはともかく、客観的には実はこの関係に限りなく近づけられた一つの在り方にすぎないことになるわけである。

これらの態度とは異なる態度はありうるだろうか。それがあるとするならば、時代の趨勢に対して、これに批判的に対応する態度ということになるであろう。この態度は第一の態度とは区別されるけれども、時代の趨勢に対して批判的に対応することがどのような範囲で可能になるのか、つねに問われることになろう。それは場合によっては先の第二の態度のように主観的にそのような態度を採っているにすぎないということになるかもしれない。先の第二の態度も時代の趨勢を完全に拒否することができないとすれば、この第三の態度とは異なるものの、これと遠く異なるということにはならないわけである。批判的な態度は時代の趨勢を拒否するというわけでもないという点では確かに第一の態度に近くもなる。しかし、この態度は、第一の態度のように時代の趨勢をより積極的に身につけ、この状況にいわば同化し、そこに自己のアイデンティティーを求めるという態度ではない。したがって、それは時代の趨勢をそのまま受容するというわけでもないという点では第二の態度に近い。あるいはむしろこの第二の態度を採ることもできず、しかしそうだからと言って、時代の趨勢の要求するテンポについていくこともできず、ただ自己のテンポを守っているにすぎないのかもしれない。それは消極的にではあるが結局のところ従うという仕方で時代の趨勢にもついていこうとしないわけではない。この態度は、このように不徹底とも言わざるを得ない態度ではあるが、これもまた一般人の採りうる態度であろう。

しかしながら、第二・第三の態度を採る人々は少数に止まるであろう。では、第一の態度を採る個人にとってすべての物事に折り合いをつけることができるのかと言えば、必ずそのようにできるとは言えないであろう。というのも、そのような折り合いをつけることもできない問題が生じることもあるに違いないからである。すなわち、先にさしあたりは自己と世界との関係が不明になっているわけではないという個人の場合にも起こりうることとして挙げたように、一人ひとりにとって生きることを難しくするような問題つまり直接生命に関わることや社会的・文化的に生活することをめぐっての問題である。そのような問題に直面するとき、われわれにとって多少とも明確にこの関係について問いを立て答えを求める必要が生じてくるであろう。そのような場合には、何か手がかりとなりうるものをより意識的に求めなければならなくなると思われる。そのような手がかりがなくては、それなりの根拠をもってこの問いに答えることができないということになろう。逆に言えば、この手がかりを得ることはわれわれがそれなりの根拠をもって生きるということである。つまり、難しい問題に直面するとき、何らかの手がかりによってわれわれはわれわれが生きることにそれなりの根拠を見出さざるを得ないのである。

その手がかりを求めるためにさしあたり必要なことは、何とか折り合いをつけている態度が果たして妥当なものであるのかどうかという点について吟味することであろう。これらの態度を多少とも吟味すると、そこにはこれらの態度に共通のことが浮かんでくる。それは、これらの態度にはそれらが自立的・自律的ではないという制約があるということである。すなわち、これらの態度に従うことによって個人は自己の在り方について自ら考えるという手間を省くことができるということに伴う制約である。というのは、これらの態度はなかなか便利ではあるのだが、既成のものを無批判に受け容れるということにもなるかもしれないからである。すなわち、時代の趨勢というものの成立根拠につい て、これらの態度は難しい問題を生み出している当の状況を支配するものを積極的にせよ消極的にせよ受け容れることになるかもしれないのである。もしそのようになるとすれば、これらの態度は「いま」支配的になっているものを相対化し、その成立根拠を問う批判的な態度からは程遠いということになる。(註16) これらの態度を採ることによって、問題を生み出す原因に意識することなく関わり、これを知らず知らずのうちに推し進めるということにもなるかもしれないのである。もしそのようになってしまうとすれば、問題を解決するための態度がかえって問題そのものの一部になってしまうことになるであろう。

批判の根拠としての文化的伝統

それ故、もしわれわれがこのことに気づくならば、われわれはこれらの態度とは異なる態度をも視野に入れなければならないであろう。これらとは異なる逆の態度として、この問いに答えることを迫られたその人間が文化の在り方を見直す態度、例えば「いま」支配的になっているものからは忘れられた文化的伝統、自己がそこで生まれ育ったにせよあるいはそうではないにせよ、別の文化的伝統に従うという態度が挙げられよう。自己がそこで生まれ育った文化的伝統に従う場合、人間は意識するかしないかということには関わりなく、どのようなものであれ何らかの立ち居振る舞いをするときには自己にとって「むかし」からの最も身近なこの伝統に依拠している場合もあると思われる。そのような場合、人間はこの立ち居振る舞いの根底にある自己の存在そのものに関わる問い、つまり当の問いのような根源的な問いに答えるためにはより明確な意識でもってこの伝統に何らかの手がかりを求めることもあるに違いない。一方でIT化による変化が推し進められる中で、それ故にこそかえって他方でIT化のような高度な人間の活動によるものとは反対に見える身近な伝統的なものにも依然として関心が集まったりするのかもしれない。(註17)

その際、検討を要する一つの点がある。それは、この態度が過度に人間を超えたものに従ってはならないということである。というのは、そのことによって人間の次元で問題を生み出しているものについて吟味することを軽視することになるからである。この伝統のうちにあるものとして何らかの宗教的な権威が現われるとき、この宗教的な権威はわれわれを支配し、われわれがわれわれの問題を批判的に吟味する可能性を閉ざすことになろう。それ故、ここでは「思想・良心・宗教の自由」が前提されなければならない。そのような前提のもとでわれわれは批判的な吟味を可能とする手がかりを求めなければならない。

そのような手がかりとは、それ自身が或るものについて批判的に吟味すること自体を自己の立場とするもの、つまり自己自身を相対化しうる立場でなければならないであろう。[註18] ただし、そのようなものがそれ独自の困難をわれわれにもたらし、むしろ逆にわれわれの取り組みを困難にする場合もあるかもしれない。というのは、それは批判的に吟味すること自体をその立場とするものである以上、われわれの問いそのものが批判的に吟味されるからである。すなわち、この手がかりとなりうるものはわれわれが問いを立ててこれに答えようとする場合、このことを容易にするとは限らず、われわれの問いそのものの捉え直しを要求するのである。そのことでわれわれはかえって困難に陥ることもあろう。だが、そのようなものこそ、われわれが無意識のうちに求めている根拠をも吟味するものとして、根源的な意味での根拠そのものを提示するであろう。そこで課題となるのは、われわれにとって文化的伝統に属する空の立場についてそのような可能性があるのかどうかを吟味することである。以下この課題をめぐって典拠に即して論究しよう。

第3章 「色即是空　空即是色」「掲帝　掲帝……」

空の立場において原理としての「空」とあらゆる存在者との関係が問題となる。そもそもあらゆる存在者には実体がないという仕方で「空」について述べられること自体が一つの前提に基づいている。すなわち、空の立場においてはあらゆる存在者の存在について述べられるということに含まれている前提である。それらが空であるという仕方で捉えられることには、それらが何らかの仕方で存在しているということとそのこと自体は当然前提されざるを得ないからである。その上で、それらの存在の仕方がどのようなものであるのかという点について述べられている。そこにそれらの存在者の存在とそれらが空であるとされることとの関係が生ずるわけである。そのような関係を示す表現として『般若心経』における「色」と「空」との関係を捉えることができよう。この関係について次の四点を取り上げ論究しよう。すなわち、第一にこの関係について経典のサンスクリット原文はどのように述べているのか（1）、第二に鍵概念についてはどのように学問的解釈がなされているのか（2）、第三に「色

即是空　空即是色」という経典部分についてはどのように理解されるべきなのか（3）、第四に経典の心髄である「掲帝　掲帝……」という真言についてはどのように捉えられるべきなのか（4）という点である。

1　『般若心経』における「色」と「空」との関係をめぐる部分について

「色」と「空」との関係をめぐる部分は、研究史上多くの議論がなされてきたようである。この部分についてサンスクリット原文に即して検討されなければならない。というのは、原文は漢訳を対応させるならば、「色性是空　空性是色」「色不異空　空不異色」「色即是空　空即是色」の三段に分けられるのだが、玄奘《げんじょう》はこれを「色不異空　空不異色」および「色即是空　空即是色」の二段にしか分けていないと言われるからである（『般若心経　金剛般若経』岩波文庫、中村・紀野訳註23参照。玄奘が二段にした理由について、宮坂『真釈　般若心経』95-96参照。すなわち、三段は「同じことを述べている文」であり、「瞑想のプロセスにおける、いわば念押し」であるとし、「インドでは古くから重要なことを三度繰り返して言うという習慣があった」が、「インド人でない玄奘は、二度繰り返せば十分だと思った」という。「瞑想」にはほど遠い一般人の立場に立つ本書はこの解釈を採らない）。

そこでこの部分について検討するために、次に『般若心経』冒頭の部分について、（A）原文（カナ書き、ローマ字表記、和訳を付す。涌井『サンスクリット入門　般若心経を梵語原典で読んでみる』による）、

(B) 玄奘訳の漢文（漢文の書き下し文をつける。字体は玄奘訳への『般若心経　金剛般若経』中村・紀野の書き下し文の字体に従う）、(C) 学問的な根拠に基づく現代日本語訳を引用しよう。

(A) 原文——別掲参照。

(B) 玄奘訳の漢文（上段は玄奘訳の漢文、下段は書き下し文）

観自在菩薩《かんじざいぼさつ》。	観自在菩薩、
行深般若波羅蜜多時《ぎょうじんはんにゃはらみったじ》。	深般若波羅蜜多を行じし時、
照見五蘊皆空《しょうけんごおんかいくう》。	五蘊皆空なりと照見して、
度一切苦厄《どいっさいくやく》。*	一切の苦厄を度したまえり、
舎利子《しゃりし》	舎利子よ、
法月訳「色性是空、空性是色」**	
智慧輪訳「色空、空性是色」**	
色不異空《しきふいくう》。	色は空に異ならず。
空不異色《くうふいしき》。	空は色に異ならず。
色即是空《しきそくぜくう》。	色はすなわちこれ空、

空《くう》即《そく》是《ぜ》色《しき》。　空はすなわちこれ色なり。
受《じゅ》想《そう》行《ぎょう》識《しき》亦《やく》復《ぶ》如《にょ》是《ぜ》。　受想行識もまたまたかくのごとし。

＊　梵文に対応する部分はない。『般若心経　金剛般若経』中村・紀野訳註20-21、中村『般若経典　現代語訳大乗仏典1』157参照。

＊＊　涌井による補い。

(『般若心経　金剛般若経』中村・紀野訳註10／涌井『サンスクリット入門』121,123,125。改行は涌井『サンスクリット入門』による)

(C) 現代日本語訳

①中村・紀野訳

全知者である覚った人に礼したてまつる。

求道者にして聖なる観音は、深遠な智慧の完成を実践していたときに、存在するものには五つの構成要素があると見きわめた。しかも、かれは、これらの構成要素が、その本性からいうと、実体のないものであると見抜いたのであった。

シャーリプトラよ、

この世においては、物質的現象には実体がないのであり、実体がないからこそ、物質的現象で

इह《イハ》 शारिपुत्र《シャーリプットゥラ》 रूपं《ルーパン》 शून्यता《シューニャター》

iha Śāriputra rūpaṃ śūnyatā

この世において 舎利子よ 色とは 空性であり

शून्यतैव《シューニャタイワ》 रूपं《ルーパン》 रूपान्न《ルーパーン ナ》 पृथक्शून्यता《プリタハック シューニャター》

śūnyataiva rūpaṃ rūpān na pṛthak śūnyatā

空性は まさに 色である。 色と異なることがないのが空性である。

शून्यताया《シューニャターヤー》 न《ナ》 पृथग्रूपं《プリタハッグ ルーパン》 यद्रूपं《ヤッドゥ ルーパン》 सा《サー》 शून्यता《シューニャター》

śunyatāyā na pṛthag rūpaṃ yad rūpaṃ sā śūnyatā

空性と異なることがないのが色である。 色であるもの それが空性である。

या《ヤー》 शून्यता《シューニャター》 तद्रूपम्《タッドゥ ルーパム》 ।

yā śūnyatā tad rūpam |

空性であるもの それが色である。

एवमेव《エーワム エーワ》 वेदनासंज्ञासंस्कारविज्ञानानि《ウェダナー サンぎゃー サンスカーラ ウィッぎゃーナーニ》 ।

evam eva vedanā-saṃjñā-saṃskāra-vijñānāni |

まさにこのように 受 想 行 識 がある。

（涌井『サンスクリット入門』120-124）

（A）『般若心経』冒頭部分――原文

॥ नमः《ナマス》 सर्वज्ञाय《サルワッぎゃーヤ》 ॥

namaḥ sarva-jñāya

南無 一切智

आर्यावलोकितेश्वरबोधिसत्त्वो《アーリャ アワローキテーシュワラ ボーディ サットゥウォー》

āryāvalokiteśvara-bodhisattvo

聖なる 観自在 菩薩が

गंभीरायां《ガンビーラーヤーン》 प्रज्ञापारमितायां《プラッぎゃーパーラミターヤーン》 चर्यां《チャリャーン》

gaṃbhīrāyāṃ prajñā-pāramitāyāṃ caryāṃ

深遠な 般若 波羅蜜多において 行を

चरमाणो《チャラマーノー》 व्यवलोकयति《ウィャワロー カヤティ》 स्म《スマ》।

caramāṇo vyavalokayati sma |

行じつつ 見極めた。

पंच《パンチャ》 स्कंधाः《スカンダーハ》 तांश्च《ターンシュ チャ》 स्वभाव-《スワバーワ》

paṃca skaṃdhāḥ tāṃś ca svabhāva-

五蘊が存在し そしてそれらを 自性

शून्यान्पश्यति《シューニャーン パッシュヤティ》 स्म《スマ》।

śūnyān paśyati sma |

空である と見た。

（あり得るので）ある。

実体がないといっても、それは物質的現象を離れてはいない。また、物質的現象は、実体がないことを離れて物質的現象であるのではない。

（このようにして、）およそ物質的現象というものは、すべて、実体がないことである。およそ実体がないということは、物質的現象なのである。

これと同じように、感覚も、表象も、意志も、知識も、すべて実体がないのである。

（『般若心経　金剛般若経』中村・紀野訳註 11）

②金岡訳

一切智者に対し帰依したてまつる。
聖観自在ぼさつは「深き智慧の救い」という行を行っていたときに、次のように見られた。
「（すべてのものは）五つよりなり」、「五つのものは、本来、無実体である」と見られたのであった。（シャーリプトラに向ってこういわれた）
「さてシャーリプトラよ、
ものは無実体であり、無実体なるものこそものなのである。もののほかに無実体があるのではなく、無実体なることと別にものがあるのでもない。このようにものがそのまま無実体なのであり、無実体なることがすなわちものなのである。感受・想念・意志・識知（の力）もまったく同様である。」

（『般若心経』講談社学術文庫、金岡校注 20）[註19]

三段の関係

本書としては、これら三段全体を一つの文脈のもとに理解することを目指して次のように解釈したい。

第一段「色性是空　空性是色」は、色と空との関係についての経典の基本的立場を端的に述べている。このことが同時に問題提起あるいは発端となっている。色は空であり、空は色であるという。二つの語はいずれも主格で登場している。いずれの文も一方が主語となり、他方が述語として主語の内容を示すという点で同一の叙述形式で書かれている。しかし内容的には相違がある。というのは、出発点は色であって、空ではないからである。二つの文は逆の順序にはなりえない。つまり、まず形あるものが取り上げられ、その本質としてこのものには実体がないということが示されるのである。次いで、実体がないことという前文の結論について、それが再び形あるものとして捉えられるわけである。

第二段「色不異空　空不異色」は、第一段での問題提起を受けて、二つの語それぞれについて、第一段での一方の語の内容が一度否定された上で、さらにこの否定が再否定され、そしてそのように再否定されたことが他方の語の内容となる。その際、前者の語はあくまで後者の語を説明するために提示される。ここでも叙述形式は同一である。ここでも順番は形あるものから始められるのであって逆ではない。まず色とは異なるということが取り上げられることで一度色という語の内容が否定される。その上で色と異なるものではないものという形で先の否定が再否定され、そのように再否定されたものとして空が取り上げられる。次いで色と異なるものではないという前文の結論について、空とは異なるということが取り上げられることで一度空という語の内容が否定される。その上で、空とは異なるものではないものという形で先の否定が再否定され、そのように再否定されたものとして色が取り上げられる。

第三段「色即是空　空即是色」では、第一段・第二段を受けて、二つの語のそれぞれについて述べられること自体が取り上げられる。そのことが関係文として表現される。ここでは書き下し文での「即」という語がこの文章が関係文であることに対応していよう。すなわち、「即」という語が当の関係文が意味する事柄を示しているのであろう。ここでも形あるものから形のないものへという順序は変わらない。まず「色であるところのもの」として色について述べられること自体が取り上げられている。そして、「すなわちこれは空である」という結論が与えられる。次いでこの結論を受けて、「空であるところのもの」として空について述べられること自体が取り上げられている。そして、「すなわちこれは色である」と結論づけられる。

ここで表明された色と空との関係についての見解によって経典の立場が空の立場として捉えられる。このことが様々な仕方で述べられるが、究極的にはこの経典の内容は最後に掲げられた「真言」とされるもの、つまり結びの言葉において総括的に表明されている。以下、この「真言」を含む経典最後の部分を引用しよう。

『般若心経』真言部分

（A）原文——別掲参照

（B）玄奘訳の漢文（上段は玄奘訳の漢文、下段は書き下し文）

玄奘訳の漢文	書き下し文
故知《こち》	故に知るべし、
般若波羅蜜多《はんにゃはらみった》。	般若波羅蜜多は
是大神咒《ぜだいじんしゅ》。	これ大神咒《じんしゅ》なり。*
是大明咒《ぜだいみょうしゅ》。	これ大明咒《みょうしゅ》なり。
是無上咒《ぜむじょうしゅ》。	これ無上咒《じょうしゅ》なり。
是無等等咒《ぜむとうどうしゅ》。	これ無等等咒《とうどうしゅ》なり。
能除一切苦《のうじょいっさいく》。	よく一切の苦を除き、
真実不虚故《しんじつふここ》。	真実にして虚ならざるが故に。
説般若波羅蜜多咒《せつはんにゃはらみったしゅ》。	般若波羅蜜多の咒を説く。

गते《ガテー》 गते《ガテー》 पारगते《パーラ ガテー》 पारसंगते《パーラ サン ガテー》
gate gate pāra-gate pāra-saṃ-gate
到達者よ 到達者よ 彼岸到達者よ 完全な彼岸到達者よ

बोधि《ボーディヒ》 स्वाहा《スワーハー》 ।
bodhi svāhā |
悟りよ 幸あれ。

इति《イティ》 प्रज्ञापारमिता《プラッぎゃーパーラミター》हृदयं《フリダヤン》 समाप्तम्《サマープタム》 ॥
iti prajñā-pāramitā-hṛdayaṃ samāptam ||
と 般若波羅蜜多の 心が 完結される。

(涌井『サンスクリット入門』132-136)

（A）『般若心経』結びの部分——原文

तस्माज्ज्ञातव्यो《タッスマーッヂ　ぎゃータウョー》

tasmāj　jñātavyo

それ故に知られるべきである。

प्रज्ञापारमितामहामंत्रो《プラッぎゃーパーラミター　マハーマントゥロー》

prajñā-pāramitā-mahāmaṃtro

般若　波羅蜜多の　大いなる真言

महाविद्यामंत्रो《マハー　ウィッディャー　マントゥロー》 ऽनुत्तरमंत्रो《ヌッタラ　マントゥロー》 ऽसमसममंत्रः《サマサマ　マントゥラㇵ》

mahāvidyāmamṃtro　'nuttaramaṃtro　'samasama-maṃtraḥ

大いなる 悟りの 真言　無上の　真言　無比の　真言が

सर्वदुःखप्रशमनः《サルワ　ドゥッㇰカ　プラシャマナㇵ》 सत्यममिथ्यत्वात्प्रज्ञा-《サッティャㇺ　アミッティャットゥワートゥ　プラッぎゃー》

sarva-duḥkha-praśamanaḥ　satyam a-mithyatvāt　prajñā-

一切の苦を鎮めるものであり　真実であるのは偽りがないからで般若

पारमितायामुक्तो मन्त्रः।《パーラミターヤーム　ウックトー　マントゥラㇵ》 तद्यथा《タッドゥ　ヤタㇵー》

pāramitāyām　ukto　mantraḥ　tad yathā

波羅蜜多を意味して説かれた真言なのである。　すなわち

即説呪曰《そくせつしゆわつ》　　　　　　　すなわち呪を説いて曰わく、

掲帝《ぎやてい》　掲帝《ぎやてい》　般羅掲帝《はらぎやてい》　般羅僧掲帝《はらそうぎやてい》

菩提僧莎訶《ぼじそわか》

般若波羅蜜多心経《はんにやはらみつたしんぎよう》

＊　神の字は漢訳者の挿入である。『般若心経　金剛般若経』中村・紀野訳註 35-36 参照。

（『般若心経　金剛般若経』、中村・紀野訳註 14／涌井『サンスクリット入門』135,137 参照。）

（C）現代日本語訳

①中村・紀野訳

それゆえに人は知るべきである。智慧の完成の大いなる真言、大いなるさとりの真言、無上の真言、無比の真言は、すべての苦しみを鎮めるものであり、偽りがないから真実であると。その真言は、智慧の完成において次のように説かれた。

ガテー　ガテー　パーラガテー　パーラサンガテー　ボーディ　スヴァーハー

（往ける者よ。往ける者よ、彼岸に往ける者よ、彼岸に全く往ける者よ、さとりよ、幸あれ。）

ここに、智慧の完成の心が終わった。

（『般若心経　金剛般若経』中村・紀野訳註15）

②金岡訳

それゆえ、こう知るべきである。「智慧の救い」は大いなる真言である。大いなる明知の真言である。無上の真言、無比の真言である。一切の苦を鎮めるものであり、真実である。それは偽りがないのだから。「智慧の救い」において、次のように真言が説かれる。すなわち、

「ガテー、ガテー、パーラガテー、パーラサンガテー、ボーディ、スヴァーハー」

ここに「智慧の救いの心（の経）」を終る。

（『般若心経』金岡校注21-22）

訳出は困難

この真言は文法的には正規のサンスクリットではなく、俗語的な用法であって種々に訳し得るが、決定的な訳出は困難であるという。それ故、この真言は漢訳されずにサンスクリットの音写がなされているのみであって、内容は訳されていないとされている（『般若心経　金剛般若経』中村・紀野訳註36／中村『般若経典』151参照）。「この真言は本文の内容を総括的に神秘的に表出するものであるから、古来、不翻（翻訳しない）とされている」（同）。このように翻訳されないままにサンスク

リット原文の音写がなされたままになっていること自体に意味があるのであろう。すなわち、真言が呪術的な意味を持っているということである。この点でインド人以外の人々にとってのこの真言の呪術性についての中村の説明は分かりやすい。「インド人は、それを聞いただけでほぼその意味内容をすぐに理解することができた。ところが中国人、あるいは東アジアの人々は、これを、わけのわからない異様なものとして受けとった。霊験あらたかな呪術性が尊ばれたのである。」（中村『般若経典』166）

この場合、ではインド人にとっては使用言語を理解する上で困難がないとするならば、真言の呪術性はどのようになるのかという問題点が残るであろう。この点については、この真言が svaha という語で終わっていることが考慮されるべきであろう。というのは、中村の説明（『般若心経　金剛般若経』、中村・紀野訳註 37／中村『般若経典』151,166 参照）によれば、この語は願いの成就を祈って咒の最後に唱える秘語であり、ヴェーダの祭式において呪文をとなえたあとで発する祈願の語であるからである。これはヴェーダ文献ではひろく現れるという。svaha とは、祭儀における呼びかけであり、それによって神々は供物を受けとるように促されるという。おそらくこの語によってインド人にとってもまた真言の呪術性が表出されているのであろう。ここにインドの宗教的伝統が現われているわけである。(註20)

以上の解釈はこの真言をサンスクリットの字義通りに捉える解釈であるが、これとは異なり、字義から離れ、真言を「般若波羅蜜多」の別の表現として捉える解釈がある。すなわち、般若波羅蜜多の修行とは般若（智慧）の完成をめざす修行ではなく、般若そのものに立脚した修行であるとし（宮坂『真釈　般若心経』45）、真言に到るプロセスそのものを「般若波羅蜜多」として捉え、これを称えるものとして真言を捉える解釈である（同233）。それによれば、この真言は「般若波羅蜜多」を言い換えたものであり、これを「仏母」として称える「般若波羅蜜多のマントラ」であるという（同47,60-61をも参照）。このマントラの全文の意味は次のようになるという。「母よ、母よ、般若波羅蜜多なる母よ、どうかさとりをもたらしたまえー。」

この解釈から見れば、真言とは、「般若波羅蜜多」そのものを神格化し、これ自体を「仏母」として信仰の対象とする立場の表明、すなわちその立場に基づいて実践する者がその実践の只中で神格化されたものに対して発する信仰の表明であることになろう。この解釈の視点は経典の立場を明確に示している。空の立場から一般人の位置付けも示される。この解釈によれば、「色即是空」は他の般若経においても説かれており、『般若心経』だけの特有な教えではないこと、「観自在菩薩が般若波羅蜜多の修行を実践し、そのマントラを説き示すということの経典の場面設定」が『般若心経』の「際立った特徴」であること、この修行が観自在菩薩の「観法」という瞑想であること、「これをこの経典を読む私たちの立場からいうと、私たちが般若波羅蜜多の修行を実践しようとするならば、『このように観察しなさい』と、観法の手順が示されているということ」、結局この経典は「マントラ念誦法の指南書というべき性格の経典」であること（同63）になる。ここにこの解釈独自の経典の把握がある。その点でこの解釈はわれわれ一般人にとってもこの経典の性格について理解する上で大いに啓発的である。

しかし、この解釈の視点は本書における一般人の視点とは異なる。確かにこの解釈においても引用にあるように「この経典を読む私たちの立場」が意識されてはいる。だがその場合、あくまで瞑想の立場、したがって空の立場は前提されている。これに対して、一般人は空の立場そのものに立つこと自体を問わざるを得ないのである。

最後に経典理解の上でもう一つ残された問題点がある。すなわち、結びの言葉には「経」にあたる言葉が欠けているということである。つまり、もともとは『般若心経』は「経」典ではなかったことになる。サンスクリット原文に「経」という語を付加して訳したのは玄奘であったという（松長『空海　般若心経の秘密を読み解く』59参照）。このようにして「経典としての権威がそなわった」（同わけである（前述二四ページ参照）。本書の視点から見るならば、一般人にとっては真言そのままの状態の方が人間を超えたものについては何らかの知的な理解をするよりも、これに対して願いを立て、その願いの成就を祈るという態度に近いものであったかもしれない。

2　鍵概念についての学問的解釈

一般人にも容易に入手できる文献では鍵概念について学問的にどのように説明されているのかを確かめる必要があろう。それによってほぼ経典についてのわれわれ一般人のイメージが形成されるであろう。

そのようなものとして中村元による説明を見ておこう。

まず「色」について。

「原語ルーパ（rupa）の訳。物質的現象として存在するもののこと。」（『般若心経　金剛般若経』中村・紀野訳註21）

次に「空」について。

「原語シューニヤター（sunyata）の訳。『なにもない状態』というのが原意である。これはインド数学ではゼロ（零）を意味する。物質的存在は互いに関係し合いつつ変化しているのであるから、現象としてはあっても、実体として、主体として、自性《じしょう》としては捉えるものがない。これを空という。しかし、物質的現象の中にあってこの空性を体得すれば、根源的主体として生きられるともいう。この境地は空の人生観、すなわち空観の究極である。」（同）

ここでは「物質的存在」は「現象」として存在するのであるが、しかしあたかも「実体」・「主体」・「自性」としてあるかのように捉えられることが語られている。これらの捉え方自体が空の立場から見てそのように捉えられているとされるわけである。そこには空の立場が前提されている。結局これら「物質的存在」が「実体」・「主体」・「自性」であることを否定される状態が「空」であることになろう。

ここから問われるのは、このように前提されていること自体がどのように取り上げられているのかということである。この点に関連して注目されるのは、引用の中に登場しているように「根源的主体」

について述べられていることである。ただし、それ自身について特別に論及されてはいない。それ故この概念の論究はわれわれ読者が行う他はない。

このことに注目する理由は、そこでは明らかに「実体」・「自性」と並んで「主体」が否定されるのだが、その場合にも「根源的」と形容される「主体」が存在するとされるのはどのような意味においてなのかが問われるからである。この意味について明らかにするためには、共通に使われている「主体」概念について論究することが必要であろう。

この点をめぐって論述を先取りすることになるが、これについてのわれわれの解釈をあらかじめ述べておこう。この解釈は、この否定されるべき「主体」が「根源的主体」へと形成される実践のプロセスを「色即是空　空即是色」についての文言のうちに見出すところにある（この文言についての解釈は後述3参照）。

「根源的主体」とは、とりわけ否定された「主体」と対比されるものであろう。というのは、先の引用においてあらゆるものが「実体」・「自性」を否定される中でとりわけ「主体」という在り方が否定されているわけだが、このこととは別の次元で「根源的主体」について語られるからである。そのとき、問われるのは、あらゆるものが「空」であることを「体得」し「根源的主体として生きられる」のは誰かということである。それは、このことを「体得」するべき何者かであるが、やはりこれもまた一種の〈主体〉であろう。つまり「物質的存在」の在り方が問われる理由は、この〈主体〉にとって「物質的存在」の「空」性を「体得」することが目指されていることのうちにあると思われる。この〈主体〉とは否定された「主体」ではない。しかし、それが「空」を「体得」したものであるのかどうかは不明である。というのは、ここではただ「物質的存在」の在り方が問われているけれども、この問いが完全に遂行されたとは言えないからである。すでに「空」を「体得」したものは「根源的主体」と捉えられている。もし上の問いを問うている〈主体〉から見るならば、この「根源的主体」はあくまで目標として立てられるものであろう。ここで〈主体〉としたものは、「空」の「体得」を課題として立てることのできるものであろう。つまり、この〈主体〉は「主体」と「根源的主体」との間に位置付けられることになろう。

ここにわれわれ読者にとってはやや奇妙な問いが生ずる。すなわち、あらゆるものが「空」であるとするならば、「根源的主体」はどのように捉えられるのかという問いである。この問いに対しては、「根源的主体」とは悟りを開いたものとして「空」そのものを体現するものであると答えざるを得ないであろう。あるいは、「根源的主体」自体が「空」そのものであるということになるであろう。ここに一度はあらゆるものが全面的に否定されたけれども、この否定の果てに「根源的主体」として肯定されるものが存在することになろう。その限りで、人間の側から見れば、それは悟りの結果として到達しうるものであろう。ここには、悩み苦しむ人間が悟りを求めて修行すること、つまり実践のプロセスの可能性が開かれていると言えよう。そのような可能性を前にして、一人の人間はこの可能性が示す方向に進むのか、それともそのようにはしないのか、ということをめぐって態度を決定する〈主体〉であることになろう。以上は中村の解釈についてのわれわれの解釈である。

金岡の批判

われわれなりのこのような解釈を呼び起こした中村の解釈に対して、金岡秀友の解釈は中村の解釈を内容上批判するものとなっている。金岡の解釈について次に言及しよう。

まず「色」について金岡は言う。金岡は古代インド語における原語「ルーパ」の意味と仏教におけるその受け取り方とを検討して、二つの定義を指摘している。

「まず第一に、『ルーパ』も『色』も、視覚の対象となる、形のあるもの、形として見えるもの、という［こと――引用者］だけが意味されているのであり、変化するにせよ不変であるにせよ、『物質』ということには全然言及もされておらず、考えられてもいないこと。色彩にせよ、形状にせよ、運動にせよ、視覚に上ってくることは否定できぬ事実であり、その範囲の定義しかうけとれないこと。／従って第二に、このことばは、あくまでわれわれ人間の感覚（眼根）を主とし、それに対する対境《たいきょう》として認められ整理された分類であって、これに、主・客対置して認識し設定した、ヨーロッパ哲学や物理学の『物質』ということばを置くことは適当ではなかろうということ。仏教の外界認識・自然観は『諸行無常』観であり、何らかの恒常的なものを基底におく『物質』という考え方は見出されないからである。」（『般若心経』金岡校注 84-85）この指摘からするならば、「色」とは中村の解釈におけるような「物質」ではなく、人間の感覚（視覚）に「上ってくる」ものであり、したがってこの感覚と相関的なものであろう。ここには「色」とされるものがあくまで人間との関係において取り上げられたものであることが示されている。

次に「空」について金岡は言う。

「この『空』の原語にあたる『シューニヤ』(sunya)も、仏教前から、インドでは広く用いられていたことばで、本来『空虚』『空無』を意味していた。」(『般若心経』金岡校注86)「ただ、これが仏教に入って来たときの意味は決してただの『無』『空無』ではなくなっている。」(同)金岡は仏教における「空」の多義的解釈が「人空」・「法空」に大別されるとした上で、『般若心経』の「空」について小乗仏教以来の「人空」と大乗仏教のものとされる「法空」との「人法二空」にわたると述べ、その上で「その内容としては『実体のないこと』『空虚性』双方の意義を含んでいる」とし、訳語としては「実有《じつう》でないこと」としている(『般若心経』金岡校注86-87)。

ただし、原語は「シューニヤ」とされており、これと「シューニヤター」とは区別されていない。

二通りの経典

同じ箇所について立川武蔵が一つの問題を提起していることが注目される。すなわち、経典には二種あり、「シューニヤ」・「シューニヤター」双方がこれらのうちで用いられているということである。ここに立川はインド思想の一つの特徴を見出している。「この文法的には違ったかたちの文章が二種類存続してきたことが、インド的唯名論の特徴を表している」、つまり「空なるものと空なることとの区別、あるいは基体とそれに属する性質等との明確な区別を認めないという立場を表している」(立川『般若心経の新しい読み方』137）という。

これに関して、立川の語るエピソードは興味深い。立川によれば、インドの或るサンスクリット学者が「ルーパム　シューニャム」という文章は間違いであり、「ルーパム　シューニヤター」（色は空なるものである）であるべきだ、と答えた（同参照）という。つまり、「ルーパ」という普通名詞には「シューニヤ」という形容詞がつくのであって、抽象名詞はつかないとこの学者が語ったというのである。ところが立川によれば『般若心経』では「この二つの文章が混在してきた」（同138）という。立川は、この「混在」という事態に対して一つの解釈の態度を採る。すなわち、この事態を統一的に解釈して一つに整理するよりも、むしろ二つの文章が混在してきたことのうちに仏教思想の特色を見出すという態度である。「混在というか、二つながら千何百年の間存続しつづけてきたということ自体が、仏教の思想の特色を語るものだ」（同138）という。そしてそうだとするならば、二つのうちどちらでもよいということになるであろう。しかし、研究史においてはこの「シューニヤター」をどのように解釈するのかで議論があったようである。

この「シューニヤター」の訳について宮元啓一の解釈が参考になる。宮元は形容詞「シューニヤ」（「照見五蘊皆空」の「空」）に対して、ここでは抽象名詞「シューニヤター」になっていることを指摘している（宮元『般若心経とは何か――ブッダから大乗へ』106参照）。宮元によれば、このことについて合理的な解釈に腐心してきた学者たちは「宗教的な衝撃を目的とする修辞学的な強調が、『シューニヤター』といういいかたに込められているのであろうと考えてい」（同107）るという（涌井も両語の区別のうちに作者の「文体上・修辞上の意識」を見出している。涌井『サンスクリット入門』88参照。さらに「インド仏教のサンスクリット文法哲学ともいうべき独特の解釈法」では「一見破格と思われる構文も問題ではなくなってしまう」とし、両語の区別で舎利子と観自在菩薩との「レベルの差異を明らかにする仕組み」を見る宮坂（『真釈　般若心経』101）の解釈をも参照）。

これに対して宮元によれば、抽象名詞はむしろものが具体的であることを意味するという。「インド人の発想法では、『ター』『トヴァ』が付いたことばは、抽象名詞であるがために、具体的でかつ臨在的である、といういいかたになろうか」（宮元『般若心経とは何か――ブッダから大乗へ』）という。ここから宮元は抽象名詞をそのまま訳することを否定する。つまり「ここの『シューニヤター』を『空であること』『空性』と訳してはいけない」のであって、「『色即是空』は、『色かたちは、ただたんに空だというだけではなく、その色かたちに具体的に即してまさにそのものずばり目の当たりに空なのだ』というニュアンスで語られていると見ることができ」（宮元『般若心経とは何か』108）るという。これに従えば、抽象名詞ではあるが、特別な意味を読み込む必要はなく、ただ端的に空であることが言われているにすぎない。そしてこの「空」が「五蘊」であることが逆向きに言われるのだが、それもただ「五蘊」そのものであることが捉えられるためにはただ身心の執着を去ることが必要であると言われているという。もしそのように解釈されうるのであれば、この点からもここに特別な意味を読み込む必要はなくなる。このことによって経典の文脈が確かに理解しやすくなる。

もし「空」と「空性」とを区別するならば、両者は次元を異にするものとして捉えられるであろう。

というのは、「色」が「空」であると述べることによって直接的に事柄が述べられるのに対して、「色」の「空性」とは直接的に述べられた事柄とは異なり、この事柄の存在性格を対象にしているからである。このように理解することができないわけではない。それはそれとして理解しやすい。しかし、本書では抽象名詞を修辞上の表現とする解釈（涌井）、両者に混在しうるところに仏教思想の特色を見る解釈（立川）や抽象名詞が或るものの現前を強調することになるとする解釈（宮元）、破格を問わない理由を舎利子と観自在菩薩とのレベルの差異に見る解釈（宮坂）などの解釈に学んで、この点にはこだわらないことにしよう。個々の存在者があたかも固定的に独立して存在しているかのように捉えられるとき、そこに「色」が捉えられること、しかしこれらが本来関係的であるということが捉えられるとき、それらが「空」であるとされると解釈することにしよう。

それにしても問われるのは、「色」は「空」であるとされるとき、では「色」は「色」として存在するのかどうかということである。そのことが逆に「空」は「色」であるとされることと関わるであろう。

3 「色」と「空」との関係をめぐる経典部分の解釈

「色」と「空」との関係についての経典の三段にわたる叙述をめぐって、これも研究史上議論があったようである。中村によれば、「三段いずれも同じことを言っているにすぎないという考え方もある」

ようだが、しかし「三段それぞれに意味があったと見るべきであろう」（『般若心経　金剛般若経』中村・紀野訳註、24-25）という。この点はわれわれも学びたい。金岡はこの解釈をさらに進めて、ここに「眼に見えるもの」と「非有《ひう》」との関係を「単なる反復」ではないものとして捉える『般若心経』の立場があるとする。「この眼に見えるものと、非有《ひう》との関係を、単なる反復と見るのは当っていない。そこには、現実にあって現実にとらわれず、現実にとらわれずして、しかも現実を重視する『心経』の立場がもっともよくあらわれている。」（『般若心経』金岡校注88）われわれは、この解釈にも学ぶことにしよう。以下、これらの解釈について各段ごとに検討したい。

第一段「色性是空　空性是色」

第一段について中村は言う。「物質的存在をわれわれは現象として捉えるが、現象というものは無数の原因と条件によって刻々変化するものであって、変化しない実体というようなものは全然ない。また刻々変化しているからこそ現象としてあらわれ、それをわれわれが存在として捉えることもできるのである。」（『般若心経　金剛般若経』中村・紀野訳註27）ここでは、すでに原理としての空の立場が前提されている。というのは、「物質的存在」を「現象」として捉えるかどうかは、定義の問題であろうからである。この「現象」が「刻々変化するもの」であるとして、これに対して「変化しない実体」というものが想定されることは理解できる。確かに「変化しない」ものは存在せず、それを「実体」と定義するならば、「刻々変化している」ものは「現象」であることになるであろう。これが

「刻々変化しているからこそ」と、この変化しているということを理由として「それを存在として捉えることもできる」というのはなかなか理解することが難しい。ここでの「存在として」という表現も同じく理解することが難しい。一応、これを〈存在者として〉と理解しておこう。しかし、それが存在者として捉えられるとするならば、「実体」ではなくて、「変化」するにせよ、「刻々変化している」のではなく、それなりに一定の形を取っているということでなければ、これを存在者として捉えることは難しいと言わざるを得ない。つまり、空の立場以前にある者あるいは空の立場とは異なる立場を採る者、つまりわれわれ一般人にとっては「現象」と「実体」との対比がすでに空の立場を前提しているといわざるを得ないのである。

同じく金岡は言う。「可視的なものすべては実体なく、永久の眼から見れば非有であることを示す。ひとはこれによって、五感に訴える現実が、決してそのまま真の存在でも、よりどころでもないことを知る」(『般若心経』金岡校注 88-89)。ここで問われるべきことは、「永久の眼」がどのようにして獲得されるのかということである。これを前提するならば、確かに「ひと」は「可視的なもの」が「非有」であることを「知る」であろう。しかし、このことを前提することができないということがそもそもここで教えが説かれなければならない理由であろう。それ故、ここで前提された事柄について一般人の立場から論究する必要があろう。この論究は空の立場への信仰の存立根拠を明らかにすることに向かうであろう。おそらく、このような必要が当の立場自身の側からも捉えられて、空の立場がここでの三段にわたる叙述に分節されるのであろう。

第二段「色不異空　空不異色」

そこで第二段の分節を検討しよう。この段について中村は言う。「この第二段は第一段の思想的表現である。われわれとしては、実体がないという渾沌とした主客未分の世界を、唯一のもの、全一なもの、一即一切一切即一なるものとして、実感の上で摑まなければならない。しかし、そのためには、現象にまず眼を向け、仮に、これを頼りとし手掛りとして行かなければならない。現象は、実体がないことにおいて、言いかえると、あらゆるものと関係し合うことによって初めて現象として成立しているのであるから、現象を見すえることによって、一切が原因と条件によって関係し合いつつ動いているというこの縁起の世界が体得できるはずである。しかし、そのためには、例えば、仮に、この私という現象を動かぬものと仮定して置いて他との連関を見なければならない。そのとき、この私という現象が、常に私でない他のものたちによって外から規定されつつ、現在の私とは違った私、私ではない私に成りつつあることが理解される。つまり理論的に言えば、一切のものは、絶えず自己に対立し自己を否定するものによって限定されるという関係に立ち、限定されることによって自己を肯定して行く働きを持っていることが理解されるのである。」(『般若心経　金剛般若経』中村・紀野訳註27-28)

ここでは「あらゆるものと関係し合うこと」のうちに「現象」が「現象」として成立する前提があるとされている。このことはすぐ次に言われていること、つまり「一切が原因と条件によって関係し合いつつ動いているということの縁起の世界」と同じことと思われる。つまり、「現象」について述べる際にはすでに後者の「縁起の世界」における「関係」についての原理的な立場が前提されているのである。しかし、当の「現象」自身にとっては「あらゆるものと関係し合うこと」を前提として捉えているのかどうかは別問題であろう。

ここでは一応「現象」のうちの特定の存在者である人間の場合を想定しよう。というのは、次に来る文章におけるように、ここでは「私」が「現象」として捉えられているからである。この「縁起の世界」を体得するためにはとして、「しかし、そのためには」と述べる文章における「そのため」という意味が不明である。「仮に」として「この私という現象を動かぬものと仮定しておいて」とは上に述べたように、存在者が一定の形を取らざるを得ないということに他ならないであろう。ここで「他との連関」を見るというのは、理解できないわけではない。確かに「この私という現象が、常に私でない他のものたちによって外から規定され」るということも理解できる。というのは、存在者が一定の形を取っているということは当然他の存在者からは区別されていることを意味するだろうからである。

しかし、その次に来る文章は理解することが難しい。すなわち、「現在の私とは違った私、私ではない私に成りつつあること」がどのようにして「理解される」のであろうか。これを「理解」するのは誰であろうか。これが「現象」自身によって理解されることは困難であると思われる。というのは、一定の形を取った存在者はその形が否定されるときには、すでにそれ自身ではないであろうからである。それ自身ではなくなった存在者はまったく別の存在者であろう。そのとき、「私」が「私ではない私」になるというのは、一つの原理的な立場を前提してはじめて言いうることであろう。「一切のものは、絶えず自己に対立し自己を否定するものによって限定されるという関係に立」っていることは、ここでの存在者を「私」である人間と捉えるならば、個々の存在者も理解できるであろう。しかし、この存在者が「限定されることによって自己を肯定して行く働きを持っていること」を理解できるということは、空の立場を前提してはじめて可能であろう。しかし、ここで言われていることは、「理論的に言えば」とされているにしても、結局一つの立場の表明であろう。すなわち、空の立場を実践的にも採ることによってのみはじめて言いうることであろう。

この点について第二段についての金岡の解釈は示唆的である。すなわち、「もの」はわれわれの「経験」において働くという。「ものの本質は非有であっても、その非有なるものは、われわれの経験に働きかける力はもっている。」(『般若心経』金岡校注89)「非有」なるものが「われわれの経験に働きかける力」を持つというのは、それがそれなりに少なくともわれわれにとっては存在しているということである。つまり、われわれにとっても「経験」のうちで「働きかけ」られることが感じられるのかもしれない。この「経験」のうちにある「われわれ」とは誰かが問われよう。この「経験」自体が把握されるのが第三段である。

第三段「色即是空　空即是色」

第三段について中村は言う。「この段は第一・第二段が体験的に摑まれた世界である。言葉によって説明しようとすれば前段に全く同じであるが、生きた体験として実感の上で確実に摑まれた世界であるから、第二段とは千里を隔てている。」（『般若心経　金剛般若経』中村・紀野訳註28）ここでは、まさに原理的な立場の実践そのものについて述べられているのであろう。すなわち、「体験的に摑まれた世界」とはそのように「体験」する主体によって捉えられた「世界」である。ここでは主体としての自己と世界とは相関的である。すなわち、主体が自己を世界との関係においてまさに「体験」しているのである。そこにはそのようにする主体の態度決定が前提されるであろう。あるいはここに見出されるのはそのような態度決定そのものである。それは世界と一体化した自己である。ここに果たして第二段階における「私」という「現象」が存在するのかどうかは問題である。

第三段についての金岡の解釈もほぼ中村のそれと同様である。この「世界はもはや思弁の世界ではない。『空』そのものに生きることである。」（『般若心経』金岡校注89-90）金岡は上に引用した中村の文章を引用している。その上で『心経』の続く文言に結び付けることで、ここでの事柄が「体験」のうちにあることを理解させる。「体験に生きる空であるから、言葉を改めて、『受（印象作用）も想（表象作用）も行（意志と行動）も識（意識）も同じである』と、前段まで色という対境の空なることを表わしたものを、受・想・行・識という主観の四つの働きの空なることであらわし、主・客ともに執着を離れて、はじめて自由自在の世界に働くことを示したのである。」（『般若心経』金岡校注90）こここでの事柄が「体験」に生きることである以上、それは「主観」において生じているということが理解される。ここで問われるのは、「体験に生きる」とされている「主観」がどのようなものなのかということである。

ここでの三段からなる文章において、さしあたり中村の解釈に沿って整理すれば、問われているのは次の点である。すなわち、「私」に見られる「現象」という「色」が「空」であることをどのようにして「実感の上で」摑むのかという点である。第二段の説明によって「私」のそれなりの実在性が示された。その実在性は「私」というものについてこれが「動かぬものと仮定」するというところに見出されるであろう。そこには確かに「動かぬもの」としての「私」が存在している。ただし、それはそのように「仮定」されたものである。そこからただちに問われるのは、このように「仮定」するのは誰かという問いである。そこにはすでにそのように「仮定」する主体が前提されている。これは「空」を捉えた主体に他ならない。このように言えば、ここにはすでに空の立場が前提されることになる。そうであるとすれば、そこにはこの前提からは外れてしまう立場もあることになろう。

その立場とは、ここでは「現象」とされ、あるいは「私」とされた立場である。そこには「私」を「私」とする誰かが存在しなければならない。それは「私」とは区別される〈主体〉であろう。このような表現によって、事柄を体験しつつある〈主体〉を捉えることができるであろう。このように捉えるとするならば、「私」と〈主体〉とでは異なっていることになる。しかし、またここに別の問いが生ずる。すなわち、この〈主体〉と空の立場とはどのように関わるのかという問いである。この問いに対しては次のように答えることもできよう。すなわち、この〈主体〉とは空の立場に立つ主体であり、したがって両者は一つである、と。しかし、そのように簡単には言えない。というのは、この〈主体〉は「私」を「私」として捉えるという限りで「私」とは区別されるものの、「私」であるという次元から完全に離れているというわけではないからである。すなわち、この〈主体〉は空の立場から促しを受けて、「私」であることを相対化することはするけれども、その相対化の中で格闘しているのである。そこでは〈主体〉はこの相対化を課題として立て、これを追求している。したがって、〈主体〉はただちに空の立場へと「私」の次元を乗り越えたのではない。つまりこの〈主体〉自身にとって、空の立場は必ずしも自己のものとなっているというわけではない。そこには空隙があると言わざるを得ない。

この点は、「色即是空」・「空即是色」における「即」の在り方のうちに示されると思われる。このことを明らかにするために「即」について検討したい。

「色即是空　空即是色」と言われるとき、そこでの「即」とは何かが問われる。ここで興味深いのは、サンスクリット原文における当の文章が関係文であるということである。すなわち、「色であるもの　それが空性である。空性であるもの　それが色である」(『サンスクリット入門』、涌井訳84-85,122,146-149)。見られるように、サンスクリット原文では「色であるもの」・「空性であるもの」は関係代名詞「もの」によって導かれた関係文である。関係文であることを強調するならば、これらは「色であるところのもの」・「空性であるところのもの」となろう。これらがそれぞれ「それ」という指示代名詞で受けられている。（玄奘訳を書き下し文にした限りではサンスクリット原文が関係文であるということが分かりにくい。この点を論究するためには漢文の構造についての知識が要求されるが、筆者の能力を超えているので論究することを断念せざるを得ない。）

このような関係文から示唆されることは、次のことである。すなわち、「色」と「空」との両者を「即」という形で結び付けることには、両者を「即」とするもの、つまりサンスクリット原文では上の関係文を立てるものが存在しなければならないということである。それは両者を「即」という形で結び付ける〈主体〉であろう。この主体とはここで表明されている原理そのものとは別のものを意味するであろう。その限りでそれは、ここでの原理としての「空」とは異なるものであろう。つまり、この〈主体〉とはここで「空」と名指された事柄をそのように名指すことをその働きとするものである。そのように名指すこととは、ここで表明されている原理を「空」と捉える〈主体〉の働きであることになる。

不可欠な実践の主体

ここで一つの問題が生ずる。すなわち、ここでの原理としての「空」とこれを捉える〈主体〉とは相互にどのように関係するのかという問題である。なるほど原理が「空」として捉えられるならば、そのように捉えることによって、すでに空の立場は到達されたということになる。あるいは、空の立場が実現していることになる。しかし、そのように言うことによっては明らかにならないことがある。すなわち、ここでは「色」および「空」という規定を受け容れるとして、この「色」が何故「空」と捉えられるのかということである。ここで問われるのは、「色」が「色」のままではなく、その真理は「空」であることはいかなる根拠に基づいて言われるのかという点である。「色」が「色」であることとこの「色」がその真理においては「空」であることとの間には少なくとも理論的には越えがたい溝がある。そうであるとすれば、そこには実践が不可欠であることになろう。そして実践が不可欠であるということは、ここにこの「空」を実現しようとする何らかのものが想定され、その働きが不可欠であるということを意味するであろう。本書ではそのようなものを上に述べた〈主体〉として捉え、その〈主体〉が実践の〈主体〉として働くと理解したい。この〈主体〉の存在が想定されるとするならば、空の立場の実現にはこの〈主体〉による空の立場実現への決意およびこの決意に基づく実践が不可欠であるということになろう。

ここでの〈主体〉に関わって明らかにされるべきことがある。それは「空」というものがどのような状況において述べられているのかということである。この状況とは、観自在菩薩がここで「空」の教えを舎利子（を代表とする聴衆）に語り、彼（聴衆）をその教えの立場へと導くという状況である。（大本にこの状況の描写がある。「あるとき世尊は多くの修行僧、多くの求道者とともにラージャグリハ（王舎城）のグリドゥフラクータ山（霊鷲山）に在した」（『般若心経　金剛般若経』中村・紀野訳註 193））。そうであるとすれば、空の立場について語ったとしても、それが彼にとって理解されない仕方で語ったのでは、空の立場そのものの断言的主張であって、空の立場から原理とされるものを同語反復的に語っているにすぎないことになる。そこでは「即」を「即」とすることそれ自体については、そのように断言されるだけで何も語られてはいない。そこで課題となるのは、この断言を分節することである。

ここでこの点をめぐって次のことに注目したい。すなわち、このような立場について語る〈主体〉に注目することである。この〈主体〉は「空」とは区別される。というのは、「空」を「空」と名指すことは「空」そのものとは区別されるからである。しかしながら、この〈主体〉は「空」を構成する要素でもあろう。それは少なくとも「空」と同一次元にあるものであろう。そうであるとすれば、それは「色」とは別の次元にあることになる。その限りでこの〈主体〉は『般若心経』では「観自在菩薩」とされているものであろう。

しかし、ここに一つの問いが生ずる。すなわち、このような「色」とは別の次元にあるものが自己の立場としての「空」をどのようにして「色」に対して、自己が「色」の根拠であることを主張することができるのかという問いである。そのように主張することができるためには、それは「色」と連続的でなければならないことになるであろう。そうであるとすれば、それはすでに「色」の一部であることになろう。そのような部分がそれ自身の根拠としての「空」へと自らを結び付けるのであろう。この「観自在菩薩」を「色」の一部とするのはおかしなことかもしれない。しかし、この「観自在菩薩」は、「舎利子」に語りかけるものである以上、少なくとも「舎利子」とは区別されてはいるものの、「舎利子」と同一次元にいるものと位置付けざるを得ない。この「舎利子」と同一次元にいるものとしての「観自在菩薩」とは、少なくとも「空」の次元において存在しているものとしてだけではなく、「色」

の次元においても存在しているものとして捉えられるであろう。このように両次元に存在していることが「色即是空　空即是色」という形で両者の関係を捉え、そのように言うことを可能にしている。（形のあるもの＝「色」と形のないもの＝「受」・「行」・「想」・「識」との区別によって物質的なものと精神的なものとの区別が捉えられている。その点は金岡に従う。両者はあくまで人間の感覚に上ってくるものおよびこの感覚そのものとの対比として捉える。ここではこれら「五蘊」と「空」との関係に注目する。）

このように原理としての「空」そのものとこれを捉える〈主体〉とを区別することによって明らかになるのは、この原理を実現することとそのこと自体がどのように生ずるのかが問われているということである。少なくとも〈主体〉としては「舎利子」と「観自在菩薩」とが区別され、前者から後者への段階的プロセスが〈主体〉の実践のプロセスとなる。

では、どのように「空」を実現するのか。「即」が原理的に言えるとしても、それを実現する契機がそこには要請されるであろう。そのような契機とは、空の立場を実現する実践であると考えられる。つまり、「色」を「空」へと向わせる実践が不可欠となろう。そのような実践の〈主体〉とは、「色」の一部である特殊な存在者である人間として解釈したい。すなわち、自己を「空」と捉えるものとはあらゆる存在者の中で特殊な在り方をする人間であると考えられる。人間は空の立場を実現するのかどうかという点で、他の存在者とは異なり、特殊な存在性格を持つと思われる。[註21] 空の立場に立つことは、現実としての「色」を「空」へと向かわせる実践を要求する。そのような実践の〈主体〉とは人間に他ならない。

現実との格闘

現実は空の立場とは異なる在り方をしている。そこでは個人の抱える困難に加えて、「いま」グローバル化の中で進行している核兵器体系の脅威や通常兵器による戦争の問題、地球温暖化による環境問題、民族間の差別や抑圧の問題、社会における格差や貧困問題などの問題が山積している。そのような現実に対して、単に「色」のうちに「空」を観ようとする態度はなお「色」と「空」とが「即」の関係にあることを実現してはいない。それは両者が「即」の関係にあることの美的な予感に止まるであろう。あるいはもし問題山積の現実に対して、それを放置したままでいる態度はまさに現実の美化でしかないであろう。それ故、この現実の諸問題を克服し、空の立場を実現する実践が要求されるのである。この実践の〈主体〉こそ先に「根源的主体」と言われたものであろう。ここに〈主体〉が否定され、かつそれが「根源的主体」として形成される過程が見出される。

ここにわれわれは実践を「色即是空」のうちに見出しているわけである。この解釈に関して学問的解釈のうち立川の解釈が示唆的である。立川は「色即是空、空即是色」という表現における三つの時間について述べる。すなわち、「色から空（空性）へと至るという第一の時間」、「空から色へと至る第三の時間」、そして「時間の幅をもたないであろう」「空性が第二の時間」（立川『空の思想史』307／同『般若心経の新しい読み方』213参照）である。

この区別のもとに『般若心経』の当の表現は次のように捉えられる。「色は空である」とは「俗なるものを否定することによって聖なるものに至る道筋」を示し、そして「空は色である」とは「聖に至ったものがまた俗なる世界に帰ってくる場面、ただ単に帰るのではなくて、俗なるものを浄化して帰ってくる場面」を指している（立川『空の思想史』324）という。さらに第一の時間における「不断の否定作業」の結果、「因果関係では説明できない瞬間」が現れるという。それが第二の時間である（同 334）とされる。つまり、「悟りなり救いなりが達せられたその瞬間においては、過去、現在、未来、あるいは現状認識、手段、結果という系列が崩れる」（同 335）というのである。

ここで第三の時間についての記述に注目しよう。そこでは先の第二の時間において第一の時間の因果系列が崩れ悟りに達した後のその立場を維持する実践が述べられている。「その瞬間の混乱が過ぎ去ると、また元のかの原因、手段、結果という秩序に戻ってくる。ただ、第一の時間における世界とまったく同じ世界に戻るというわけではない。その目的が達せられた後、例えば空性を経験した後は、以前とは違った世界、つまり、ただ単に俗なる世界ではなくて、聖なる力によって浄化された世界へ戻るのである。」（同）ここで明示されてはいないが、この実践のプロセスを担い続ける〈主体〉を想定することができよう。

この立川の解釈からわれわれは実践のプロセスについて学ぶことができよう。(註22) 立川は先の三段階説については中国での解釈として捉え、これを全体として取り上げるよりもむしろその中の第三段階にあたる「色即是空」と「空即是色」とについて区別した上でそこに実践のプロセスを見出しているわけである。また三段階については金剛の解釈のうちに経験についての言及が見られた。われわれはこの点を金剛から学ぶことができよう。三段階説が中国における仏教のものであり、これをインドのものと同一視できるのかという点は中村によって問題提起されていた（ただし、中村はこのような解釈の余地を『般若心経』自身が与えもしていると言っている）。

これらの解釈を踏まえるならば、われわれは必ずしも三段階説に立つ必要はない。しかし、先に述べたように三段階によって〈主体〉について捉えることができるという点では三段階を区別する必要があろう。この点が立川から学ぶ実践のプロセス説においてどのように位置付けられるのかを考える必要があろう。この〈主体〉は実践のプロセスの主体として位置付けられるであろう。しかも、それはただちに空の立場に対置された「色」として「形あるもの」を捉えることを意味しない。あくまでそれは一般人の立場を示すものであって、空の立場から位置付けられる必要はない。一般人は空の立場からは「色」とされるものに対して、独自の態度を採りうるのである。また一般人はもちろん空の立場に即して「色」とされるものを「色」として捉え、「空」へと向かい、「空」に達することもありうる。そこでは一般人はつねに自己から離れることなく、納得する形で実践するのである。

4 経典の心髄としての真言――空海『般若心経秘鍵』

この実践の依拠するものが経典の心髄としての真言であるとされている。この点については立川の解釈が示唆的である。すなわち、立川によれば、（真言が「呼格」で書かれていることから）真言の意味ではっきりしているのは、「智慧としての般若波羅蜜多を呼んでいるということ」（立川『般若心経の新しい読み方』254）であるという。この「般若波羅蜜多への呼びかけ」で『般若心経』は「終わっている」のであり、その呼びかけがこの経典の「すべてでもある」という（同255）。すなわち、「般若波羅蜜多に依ってすべてのものを否定して進むこと」（同）に「行・実践」が見出されることになるというのである。

ここで一つの問いが生ずる。すなわち、ここに言われている実践が真言とどのような関係にあるのかという問いである。おそらく、般若波羅蜜多への呼びかけとされる真言そのものが、つまり、この真言を唱えることとそのこと自体に意味があることになろう。この点については宮元の解釈が参考になる。すなわち、宮元によれば、この真言は「観音菩薩が完遂された般若波羅蜜と同じことを意味する、つまり、まったく同等の価値と力をもつと、経典が宣言している」（宮元『般若心経とは何か――ブッダから大乗へ』75）という。この「『掲帝……』という真言を唱えるだけで、観音菩薩が獲得された力とまったく同等の力を手に入れることができる」、「観音菩薩に救っていただくのを願うのでなく、みずから、観音力を得ることができる」（同133参照）というのである。ここには大乗仏教の根本的性格が前提されている。大乗仏教が「エリート宗教における難行道」（同71）に対置される「民衆のための易行道の仏教」（同134、以下同）として捉えられている。空の立場がさらに進められる。すなわち、「般若波羅蜜じたいも易行道といえば易行道」だが、「それに徹し尽くす」のは「並大抵のこと」ではなく「観音菩薩のような人にしてやっと可能な道」だという。そこで「観音菩薩のようなたいへんな努力をしなくとも」、真言を唱えるだけで「観音力が手に入る」というのである。すなわち「この短い呪文は、非力な凡夫であるわたくしたち一般民衆に、般若波羅蜜による観音力をそっくりそのまま授けるために、『般若心経』が贈呈してくれたもの」であるという。このようにここでの真言は徹底して一般人を空の立場へと誘うわけである。すなわち、一般人の実践は真言を唱えることに集約されることになる。ただし、一般人の実践が真言を唱えることに集約されることによって、われわれ一般人の抱える問題が解決されるとするのかどうかは、その個人の信仰によるのであるが。

空海の真言観

この真言を唱えることに『般若心経』の心髄を見出した解釈者として空海がいる。この点について松長の説明（『空海　般若心経の秘密を読み解く』191参照）に従おう。すなわち、空海は、当の真言の中にばかりではなく経典のすべてが般若菩薩の悟りの境地の表明であるとしたが、ただこの部分には具体的な真言が説かれているので「秘蔵真言分」の名が付けられたという。そして空海はこの真言について次の「頌」においてその密教的立場を提示する。

真言は不思議なり。観誦《かんじゅ》すれば無明を除く。
一字に千理を含み、即身に法如《ほうにょ》を証す。

行行《ぎょうぎょう》として円寂《えんじゃく》に至り、去去《ここ》として原初に入る。
三界は客舎《きゃくしゃ》の如し、一心は是れ本居《ほんこ》なり。
(松長『空海　般若心経の秘密を読み解く』190)

〈現代日本語大意〉

真言の功徳はきわめて優れたものであって、われわれの普通の認識をはるかに超えている。／この真言を観想し、あるいは読誦することによって、この現実の生きている生身の体そのままに、そこに真実の世界を現出して、自身が仏に他ならないことを悟る。／真言のgateには、「行く」と「去る」の二つの意味がある。「行く」の意味に解せば、悟りに向かって一歩一歩進んで行き、ついに円らかな寂静の仏の世界に至りつく。／また「去る」の意味にとれば、迷いの世界から去り、存在の原点ともいうべき原初の世界に入る。／このような悟りの世界から見れば、この現実世界は仮の住家に他ならない。／住すべき本当の住家は、われわれがもともと所有している菩提心すなわち一心に他ならないのである。
(松長『空海　般若心経の秘密を読み解く』194-5)

〈松本訳〉

真言というものは不思議である／本尊を観想しながら唱えれば、根源的な無知の闇は除かれる

／わずか一字の中に千の道理が含まれ／それによって、この身のままに、真理をさとることができる／〈羯諦羯諦〉と行き行きて、小乗のさとりである静けき境地におもむく／〈羯諦羯諦〉と去り去りて、大乗仏教のさとりの根源に入る／無知の闇に覆《おお》われている人にとって、この世はあたかもかりの住まいのごとくである／しかし、われら衆生がそなえもつ一心は、人間の本居《もとい》（本来のよりどころ）である。

（空海『般若心経秘鍵』、松本訳369-370。真言の漢字表記は、前掲『般若心経　金剛般若経』中村・紀野訳註14とは異なる）

見られるとおり、空海によれば、誰でも人間は真言を観想するか、あるいは読誦することによって自己がそのまま仏であると悟ることができる。ここでの観想や読誦が実践であることになる。この解釈は空海独自の解釈というよりも、八世紀には底流として存在した解釈であったという（松長『空海　般若心経の秘密を読み解く』61参照）。

ここに空海の立場から一般人が位置付けられている。「行く」と「去る」とに分けてgateの意味が捉えられているのは興味深い（金岡も「行き行きて」「去り去りて」をともに「ギャテイギャテイ」の意とする。金岡『空海　般若心経秘鍵』145参照）。それぞれの方向は違うようであるが、出発点はいずれも「いま」在るところにある。それは「迷いの世界」に他ならない。この世界から離れることが「悟りの世界」から勧められている。ただし、ここに問題があるとすれば、一般人にとっては「三界」が「客舎」であるのかどうかは、個人によって異なるであろう。ここでは悟りへの道が遙か遠いところにではなく、個人の態度の採り方によるというように身近なところに置かれていることが重要であろう。(註23)すなわち、とにかく「一心」が「本居」として捉えられ、そこからの実践が提起されているわけである。

こうして真言を唱えることのみに実践が凝縮されている。ここに一つの実践の原理が提示されている。実践の原理のこのような把握は、この「秘蔵真言分」とされる部分において表明されていることではなくて、空海の基本的立場そのものから来ることであろう。

空海は空の立場を「大綱序」の部分で述べている。

夫《そ》れ佛法遥かに非ず、心中《しんじゅう》にして即ち近し。真如外《しんにょほか》に非ず、身《み》を弃《す》てて何求《いずくんか》めん。迷悟《めいご》我に在り。則ち発心《ほっしん》すれば即ち到る。明暗《みょうあん》他に非ず。則ち信修《しんじゅ》すれば忽ちに証す。

(松長『空海　般若心経の秘密を読み解く』88-89)

〈現代日本語大意〉

一般に人々は仏法といえば尊く、優れていて、自分たちの住む世界とはかけ離れた世界のことだと思いがちである。しかしながら本当のところは、仏法が示す真理というものは、ずっと離れた場所にあるわけではなく、自分の心の中にあり、この自分の身体以外のどこにも存在するものではない。／また迷いと悟りとは、まったく別のものだと思い込んでいるけれども、それは自分勝手な思い込みにすぎない。だから悟りに近づき、それをわがものにしようと決心し、自身が本来仏であると信じ、修行を重ねるならば、ただちにそれが実証される。
（松長『空海　般若心経の秘密を読み解く』91）。

〈松本訳〉

仏の教え（さとりの世界）は、遥かかなたにあるものではない。われわれの心の中にあって、まことに近いものである。真理は、われわれの外部にあるのではないから、この身体を捨ててどこにそれを求め得よう。迷いとか悟りとかいうものは、自分自身の内部に存在するのであるから、さとりを求めようとする心をおこせば、さとりに到達できるのである。明るい世界（さとり）、暗い世界（迷い）は、いずれも自分をおいて他にないのであって、仏の教えを信じ実行すれば、さとりの世界は、たちどころに私たちの眼前に開けてくるのである。
（空海『般若心経秘鍵』(註24)、松本訳 349-350）

見られるとおり、われわれ一人ひとりの迷いのうちにある人間にも、つまり一般人にも少なくとも悟りに到るという可能性は与えられている。ここには一般人にとっても、自己の態度の採り方によっては悟りに到達することができると感じられるところまで、悟りが身近なものとして提示されているのである。もちろん、そのように実践するのかどうかは結局のところ、各個人がどのような態度を採るのかに懸かっていることになろう。このように個人の態度の採り方が問われるのであるが、逆に言えば、一人ひとりの態度の採り方にまで悟りが近づいていることになる。すなわち、われわれにとっては悟りに到るために求められるのは、仏の教えを信じて実行するのかどうか、究極的には真言を唱えるのかどうかによってである。つまり、実践は真言を唱えるということに集約されている。

ここでは真言という形の言葉に、個人の存在のすべてが懸かっていることになる。それだけ真言そのものに意義が求められているのである。そして個人の実践は究極的にはこの真言を信じるのかどうかということに帰着するであろう。信仰することに宗教というものの根拠があるとすれば、真言とはまさに大乗仏教が宗教であることを示していると言えよう。それは学問的解釈によって提示されたものとも合致している（前述、宮元『般若心経とは何か』の解釈参照）。

第4章　「空」の把握

――戦後日本の一般人向け経典解釈・一般人の立場からの解釈および近年の現代日本語訳――

われわれ一人ひとりが「むかし」の空の立場を手がかりに「いま」の世界の状況と向き合い「これから」どのように人間として生きていくのかを捉えるために、空の立場がどのように捉えられてきたのか、そして「いま」どのように捉えられているのかについて、『般若心経』をめぐってどのような解釈がなされているかを明らかにする必要があろう。本書としてはあくまで一般人にとってのこの経典の意味に焦点を合わせたものに対象を限定したい。第一に専門家の立場から一般人向けにこの経典について解釈したものとして高神覚昇『般若心経講義』(1)、第二にこの経典に対して一般人の立場を示した解釈として水上勉『「般若心経」を読む』(2)、第三・第四に近年の現代日本語訳という形での解釈として、柳澤桂子の「心訳」(3)および新井満の「自由訳」(4)である。

1　高神覚昇『般若心経講義』

戦後日本の一般人向けの経典解釈に高神覚昇《たかがみかくしょう》『般若心経講義』がある。これは、ラジオ放送の講義筆録（「昭和九年四月三十日から五月十二日まで当時愛宕山にあった東京放送局から放送講義をした筆録」（友松圓諦の解説、高神『般若心経講義』199））であるとのことである。同年刊行され「洛陽の紙価を高からしめた」（同）という。この書物は戦後も代表的な啓蒙書として受け容れられてきたようである。(註25)

この著作にはその刊行時の時代の雰囲気を偲ばせる言葉が書かれている。例えば、それは敗戦後の日本における食糧飢餓における人間の態度についての著者の見解に示される。「食糧飢餓の今日、人はあまりに食生活のために貴い人間の霊性を見失っているような気がいたします。敗戦後の日本人は、ひたすら食物を探《さが》し求める犬や猫《ねこ》のような存在になったようです。しかし、新しい日本を建設し、創造するには、お互いはとくと考え直さねばなりません。それは物質上の破産を、いかにもそれが人間の破産のごとく考えて、心の破産の重大なることに気づかないということです。『**物の貧困**』よりも恐ろしいのは『**心の貧困**』です。」（高神『般若心経講義』138、太字は原文、以下同じ）

これはまさに時代の雰囲気を示すものであり、われわれの「いま」とは異なっている。しかし、事柄をむしろ明らかにさせる状況であったとも言えよう。すなわち、「物」に「心」をはっきりと対置し、

「心」あるいは「人間の霊性」つまり「人間」の精神的態度を取り上げているということである。ここにこの著作にかける著者の意気込みがあり、その主張があると言えよう。

ここで取り上げられている「人間」の精神的態度が拠るべきであるとされる立場こそ、空の立場に他ならない。そのことを「色即是空」・「空即是色」と関わらせて高神は言う。「おもうに今日、一部のめざめたる人を除き、国民大衆のほとんどすべては、いまだに虚脱と混迷の間をさまようて、あらゆる方面において、ほんとうに再出発をしていない。色即是空と見直して、空即是色と出直していない。所詮、新しい日本の建設にあたって、最もたいせつなことは、『空』観の認識と、その実践だと私は思う。このたび拙著『般若心経講義』を世に贈るゆえんも、まさしくここにあるのである。この書が、新日本文化の建設について、なんらか貢献するところあらば、著者としてはこの上もないよろこびである。昭和二十二年春」(高神『般若心経講義』4-5)。

ここには時代の状況を前にしての仏教者としての高神の主張が示されている。そこで問われるのは、この主張がどのような状況認識のもとでどのように展開されるのかということである。

その主張を高神は、仏教の根本思想とは「空」であるとして展開する。すなわち、仏教の根本思想は「『空』の一字に帰する」(同3)という。この仏教における根本思想の解釈とこの思想がまさに時代にとって不可欠だとする時代への主張とが重なっているわけである。この高神の宗教上の解釈と時代への主張との結合に示された立場は、宗教上の内容はともかく、時代の相違はあれ、「いま」われわれの置かれている状況と共通のものを感じさせる。すなわち、ここでアジア太平洋戦争敗戦後の「新しい日本の建設」あるいは「新日本文化の建設」が求められるにあたって、「国民大衆のほとんどすべて」が「虚脱と混迷の間をさまようて」おり、「あらゆる方面において、ほんとうに再出発をしていない」というようにその状況が認識されている。この状況認識は「いま」のわれわれの在り方とも共通している。高神は「国民大衆のほとんどすべて」に「再出発」の指針として「『空』観の認識と、その実践」とを挙げたのだが、「いま」われわれはただこの主張から呼びかけられるばかりではなく、自ら何かの手がかりをこの主張がなされた状況と似た状況の中で求めているのである。そこで、この主張がわれわれにとっての手がかりとなるのかどうかを問おう。

高神によれば、その「空」をめぐって『般若心経』は「色即是空」と「空即是色」の「二つの方面」から説いているという。「すなわち、『色は即ち是れ空』とは、空のもつ否定の方面を現わし、『空は即ち是れ色』とは、空のもつ肯定の方面をいいあらわしているのである。したがって、『空』のなかには、否定と肯定、無と有との二つのものが、いわゆる弁証法的に、統一、総合されている」(同3)という。このような「弁証法」概念の援用による説明にも時代の雰囲気が示されていると言えよう。

これら両面からの「空」の把握の前提として高神は空と「表裏一体の関係にある」(高神『般若心経講義』4、以下同)ものとして「因縁」という言葉を挙げる。因縁とは「『因縁生起』ということで、世間のこと一切みなことごとく因縁の和合によって生じ起るということである」という。このことが「自明の理」であるとする。ところがこのことを捉えていないことに、高神はわれわれの問題を見出す。「もとよりこのことは、説明を要しない自明の理であるにもかかわらず、われわれはこの自明の理にたいして、平素あまりにも無関心でいるのである。すなわち『因』より直接に果が生ずるがごとく考えて、因縁和合の上の結果であることに気づかないのである。しかもこれがあらゆる『迷い』の根源となっているのである。すなわち凡夫の迷いとは、つまり因縁の理を如実にさとらないところにある。別言すれば、因縁の真理を知らざることが『迷い』であり、因縁の道理を明らめることが『悟り』であるといっていい。」そうであるならば、この因縁への無関心さがどのようにして生じ、これをどのように超えていくのかが問題の焦点となるであろう。いずれにせよ、高神にとって先に引用した時代の抱える問題が空と因縁との認識の欠如に求められ、この問題の解決のために『般若心経』が取り上げられるわけである。

因縁の認識の欠如を示す態度を批判するところに高神の主張があるはずだが、残念ながらその態度自身についての論究はなされていない。「一切の物事を原因と結果という形式だけで、解釈しようとすることは、ずいぶん無理な話」(同 51) とされる。しかし、このような「皮相的の見方」(同 51) がどのように「無理」なのかについてはあまり展開されていない。「皮相的の見方」がどのような文脈で批判されるべきなのかについてよりも、むしろこれに対する先の引用と基本的には同じ考え方が高神の立場として示される。ここではただ「因縁」あるいは「因縁生起」(同 4,50) あるいは「縁起」(同 50) の観念が主張されるのである。すなわち、あらゆる事柄について結果つまり「果」というものが結果に対する直接の力としての「因」と間接の力としての「縁」との「和合」によって生ずるのであり、それ故、あらゆる事柄は因・縁・果の関係によって捉えられなければならないとする。ここで強調されるのは、因縁によって生じたあらゆる事物が相互に密接な関係にあるということである。すなわち、あらゆる事物は「実に縦にも、横にも、時間的にも、空間的にも、ことごとく、きっても切れぬ密接不離の関係にあるのです。」（同51）

このようにあらゆる事物が相互に関係しているという把握のもとで、さらに一切のものが変化するものとして捉えられる。「まことに一切はつねに変化しつつある存在です。だから、たとい存在しているといっても、それは、仮の、一時的の存在でしかありません」（同54）。ここに変化が存在するものの性格として捉えられる。「存在しているものを『有《う》』といってい」る仏教では、「すべて『仮有《けう》』であり、『暫有《ざんう》』であると言うとし、空の立場によって「とにかく、永遠なる存在、つねにある『常有の存在』ではありません」（同54）。空の立場から見れば、「いま」われわれにとってどれほど世界がめまぐるしく変化しているにせよ、変化すること自体は当然である。そうであるとするならば、この変化するということ自体は前提した上で、このことから何を捉えるべきなのかが問われよう。IT化という「いま」の状況における変化を推し進めるものを積極的に受け止めるという態度もありうるが、その置かれた状況の違いを一応度外視するならば、高神はおそらく別の態度を採るであろう。すなわち、高神はここから「空」を取り上げるのである。

この変化しているということからあらゆる存在は一時的存在でしかないとされる。そのことを高神は自然の変化において捉え、ここに「色」と「空」との関係を見るのである。「雪ふりしきる厳冬《まふゆ》のさ中に、花を尋ねても、花はどこにもありませぬ。これがとりも直さず、『色即《すなわ》ち是れ空』です。しかし、霞たなびく春が訪れると、いつとはなしに、枯れたとみえる桜の梢には、花がニッコリ微笑《ほほえ》んでおります。これがすなわち『空即ち是れ色』です」(同54)。見られるように季節の移り変わりにおける自然の変化が取り上げられている。

　高神はこのような自然の変化を例としているわけだが、変化というものは言うまでもなく自然の変化に尽きるものではない。そこには変化一般が事物の真相として捉えられている。ここでの事物の真相を「世間の実相」・「うき世のほんとうの相」・「宇宙の真理」・「現前社会の事実」・「人生の相」・「浮世の姿」などと表現する。「**有るようで、なく、無いようで、ある**、これが世間の実相《すがた》です。うき世のほんとうの相です。だが、決してそれは理屈ではありませぬ。仏教だけの理論ではないのです。それは、いつどこで誰《だ》れもが、必ず認めねばならぬ、宇宙の真理です。偽りのない現前社会の事実です」(同55、太字・傍点原文)。「**生きつつ死に、死につつ生きて**いるのが、人生の相です。生じては滅し、滅しては生ずるのが、浮世の姿です」(同55-56)。見られるように、個々の事物から「宇宙」に至る広がりでここでの事物が捉えられているわけである。

　しかし、ここで注意されるべきことは、このような変化に事物の真相を見るとともに、その議論の重点がこのような事物の真相に対してどのような態度を採るのかというその捉え方を問うところにあるということである。

　それは当の句のうちに事物に対するわれわれの捉え方への批判を見出すということである。「何ごとによらず、いつまでもあると思うのも、むろん間違いですが、また空だといって、何物もないと思うのももとより誤りです。」（同55、傍点原文）つまり、この高神が批判するのは、何かに囚われるということである。当の句はこの囚われに対する批判として解釈される。すなわち、「私どもはとかく、有といえば、有に囚《とら》われます。空といえば、その空に囚われやすいのです。ゆえに『心経』では、有に囚われ、色に執着するものに対しては、『色は空に異ならず』、色がそのまま空だというのです。また空に囚われ、虚無に陥るものに対しては、『空は色に異ならず』、『空は即ち是れ色』だといって、これを誡《いまし》めているのです。」（同56、傍点原文）

高神が最後の真言のうちに見出すものは『般若心経』の「真髄」ばかりではなく、「一切の経典の真髄」・「本質」であり、「仏教の一切の宗旨の教義、信条は、皆ことごとくこの四句の真言の中に含まれている」（同208、以下同じ）という。すなわち、「自覚、覚他、覚行円満」あるいは「自ら覚《さと》り、他を覚《さと》らしめ、覚《さとり》の行《ぎょう》が完成した」ことであり、「仏道の完成」であり、この完成がまさしく「人間道の完成」（傍点原文）であるという。ここに「人間」であることが「仏道」に結び付けられているわけである。その内容として捉えられているものは、「大乗仏教の精神」に他ならないとされる。すなわち、「われらと衆生と皆共に仏道を成《じょう》ぜんということ」、「同じく菩提心を発《おこ》して浄土へ往生すること」であるという。ここでの「衆生」として、おそらく「人間」が捉えられていると思われる。すなわち、われわれ一般人は「衆生」あるいは「人間」として「仏道」から位置付けられることになるであろう。このことをそのように実践するのかどうかは、われわれ一般人がどのような態度を採るのかにかかっているわけであるが。

2　水上勉『「般若心経」を読む』

一般人にとって空の立場をどこまで自己自身の立場とすることができるかどうかは、空の立場自身が一般人をどのように位置付けるかということとは別のことである。つまり、一般人はあくまで自己の独自の仕方で自己自身の立場を捉えるのであって、空の立場はその一つの立場にすぎないのであり、そのような一般人の態度は空の立場による一般人の位置付けとは関わらないのである。

そこで一般人にとって空の立場をどのように捉えるのかが問われよう。一般人が空の立場について捉えようとするのは、言うまでもなく一般人がまず空の立場と出会うことによってであろう。その出会い方に一人ひとりの個人独自の仕方があろう。そしてその際、空の立場との対比によってかえって自己の立場が自覚されてくることがあろう。これらの点に関して水上勉の解釈は次の点で示唆的である。すなわち、まず『般若心経』との水上の出会い方が個人としての稀有の出会い方だったこと、さらに後になっての水上の解釈が一般人の立場を前面に押し出したものとして、空の立場とは異なる一般人の立場がどのようなものであるかを端的に示していることである。水上自身は小僧として寺に入っていたことがあり、小僧として『般若心経』と出会った。水上は、この点では一般人とは異なる特殊な経験の持ち主であると言えよう。このような経験がかえって水上に空の立場と自己の立場との違いを自覚させたのかもしれない。

寺の小僧として

水上の個人史の中で小僧として『般若心経』に初めて触れたころのことが語られている。小僧である以上、宗教者と言えなくもないであろうが、しかし、少なくとも始めは一般人と変わらない。まずこの経典を諳んじるその仕方が興味深い。まさに一般人から宗教者への道が経典を暗唱することによって始まるのである。

九歳半であった水上少年に和尚は音読の復唱によって暗唱させたという（水上『「般若心経」を読む』14以下）。少年は小僧の仕事をしながら暗唱に努めたわけである。「私は耳から入って私の口から出ていた『まかはんにゃはらみたしんぎょう』を何度もいい、つづいて『かんじざいぼうさ、ぎょうじんはんにゃはらみた』と、意味もわからないままに、耳から入った糸をとり出すように、口に出してみたのである。草取りしながら、風呂の水を汲みながら、めしを焚きながら、奥さんのお子さんのおむつを洗いながら、すると、まだめくってもみない経本の文句だが、つまり、漢字文が、平仮名でいえている自分がわかるのである」。暗唱しながら、小僧の仕事をする水上少年の姿が髣髴としてくるようである。ここでは漢字の脈絡はなく、ただリズムがあるのみである。われわれの対象とする句については、「……しゃありいしいしき」、「ふういくうくうふういしきしき」、「そくぜくうくうそくぜえしき、……」というように音読したという。つまり句の意味とは関係なく音読されたわけである。

このように音とリズムとで暗唱されるところには、一般人への経典普及の方法が示されているのかもしれない。水上少年の師は臨済宗本山相国寺の声明の名手だったという。その弟子として水上少年は「経文誦唱の入り方」は「平仮名から、しかも耳から入る方法によらねばならなかった」（水上『「般若心経」を読む』20）という。この経験は空の立場からの一般人の位置付けにも関わるであろうが、そのこと自体個人の人生にとって稀有の経験であろう。このことを水上は「おもしろく」感じ、そこに「よろこび」や「不思議さ」を見出している。「そのことがひどくおもしろくもある。意味がわからなくても、字がよめなくても、よめた『経』というものの本体が見えてくる。それは一つのよろこびでもある。この経験は、今日も人が『お経』というと頭にうかぶのである。つまり、『お経』とは、じつは字がよめなくても、意味を了解し得なくても、よめるということの不思議さをしったのだ。」（同25-26）

水上は『般若心経』との出会いを上のような「不思議さ」以外には余り深いものとは認めていない。「心経とのめぐりあいは、人間それぞれちがうと思うが、私のような、幼少で仏門に入った者のめぐりあわせはざっとこのようなもので、経の本体が、意味ぶかく、私にとりついてくるけしきはどこにもない。たった二分間でよみおえることのできるみじかい経文は、むかしから字数も、漢字もかわらないが、こっちの生きてゆく暦のふしぶしで、入りこんできては去り、去ってはまた入りこんできた。そのようなお経の一つであった。」（同33）

したがって水上は、『般若心経』を七二歳の現在（当該著書執筆当時）に至る彼の人生を重ねて読むことになる。つまり、それは「私の七十二年の、げんみつにいえば得度してから六十二年の歳月のすぎこしがかさなって不思議ではない。そのすぎこしとは親兄弟とのかかわりはもとより、すれちがった仏教の先師や文学の恩師や、友人や、愛憎をともに分けて、くっついたり別れたりした女性たちとの暦がかさなっても不思議ではない。」(同 33-34)

この中で水上はとりわけ女性への関心を述べ、これが寺での生活との対比で生じたと自己分析している。「私という人間は、人いちばい淋しがりやで、男のくせに女のようなところがある。そして女性には、友人たちとくらべて、関心がふかくて困る。これは私が幼少時に禅寺へゆき、女性のいない所で、精神形成期をおくったためかと思う」(同 82)。水上の女性への関心は寺という女性のいないところで育ったということの反動で、寺から脱走した後、強くなったようである。「私は十三歳でこの寺を脱走したが、じつは世の中へ出てみて、この世には、何と女性がたくさんいて、それらの女性は、みな、性格も容貌もちがうけれど、それぞれ花を咲かせて匂っているということがわかった。まるで、これは、闇の世界から出てきて、女性の目つぶしにあったようなものだった。それで、私は、友人たちとはちがう女性憧憬の心根をやしなうにいたったかと思う。」(同 83)

水上少年の心の底に沈殿した『般若心経』が後の水上の「暦」に折々に浮かび上がってくるわけだが、われわれが取り上げている句「色即是空、空即是色」についてはとりわけ痛切な思いを語っている。水上はこの句がどれほどわれわれの日常生活に浸透しているかを語る。「これは、七十二にもなると周辺の誰もがいうことばである。耳にタコができるほど私たちはきいた。菩薩からではない。失恋や挫折をかさねた友人の口からである。つまり私はごく卑近な生活経験の中に、このことばを耳にし口にしてきたのであるが、いま、そのことからしても般若心経の哲学が、私たちの心にしみこんできた証しをみとめないではおれない。」(同 66-67)

この句がどのように「私たちの心にしみこんできた」のか、水上の挙げる例は確かにわれわれの日常生活の経験に即しているであろう。水上は、友人の感懐のうちにこの句が語られるのを聞く。「ある友人は、色好みに秀でて、若いころは、ずいぶん女あそびもしたが、昨今になって、『色即是空』を悟ったという。色欲の道も、つきつめてゆくと結局は空しい色の道であったことに思いあたったという」(同)のである。ここで水上が取り上げている例が当の句の解釈として妥当であるのかどうかは問わない。水上の友人によって自己の経験がいわば総括されるときに、当の句が語られ、それをその友人の友人である水上が聞くというような関係があるということ自体がわれわれの日常生活におけるこの句の現実の在り方なのであろう。

この句についての友人の感懐を手がかりに、また水上もこの感懐とほぼ同じような文脈で語る。「かなりこれには実感をともなって、私にもしみるのである。私も友人のようにまだ悟ってはいないが、しかし、色うつくしいと見える女性に、心をときめかせながら、心の隅で、この一瞬のよろこびも、すぐうつろうぞという思いはある。」(同 67、以下同)

ここまでの解釈は分かりやすい。しかし、その次に来るのはここで期待されるであろう空の立場に立った思いではない。そうではなく、むしろ「色」そのものにこだわる立場の表明である。「だが、そんなふうな『空』をうらうちしてかりそめのの色の美しさに見とれることは、花ならぬ女性のうつくしさにすまないような気がすることもたしかである。」水上は空の立場に立った「悟り」ではなく、むしろ「まだ悟ってはいない」ところにこだわるわけである。それ故、水上は言う、「菩薩や友人のいうように、美しい容貌もひとときのことだというなら、そのひとときに永遠なる思いをこめて、その美しさが実体なのだ、空などであるものか、と狂うようにめでているときが、生きの身のありがたさだと感じる」と。

ここでの水上の表明は、空の立場から位置付けられるものではなく、すでにそれ自身一般人の立場の主張であると言えよう。もちろん、水上も空の立場をまったく考慮しないわけではない。そこで水上は、彼自身の個人史を振り返りながら空の立場との関係における自己の立場について述べる。すなわち、(上のように「生きの身のありがたさだと感じる」)「といったら、菩薩はもちろんお叱りになろう。だから、私は小僧を十年もつとめた仏門をとび出さねばならなかったのである。とても仏弟子の資格がないのだった」。ここで水上は「仏弟子の資格」を云々するのだが、このことは空の立場にとっては原理的な問題提起となっている。というのは、仏教は一般に、少なくとも大乗仏教は「仏弟子」でない人間、つまりわれわれの言葉遣いによれば一般人を相手にしているのだからである。すなわち、空の立場は一般人の立場に配慮しなければならないであろうし、自己の立場自体の中に一般人の立場に対応するものをどのように位置付けているのかが問われよう。

水上は『般若心経』の最後の真言に至っても、この経典の立場と自己の立場との懸隔を感じている。「経末にきてやはり『心経』は、あくまで空哲学の書であることを思い知らされた。この世の一切のものは、すべて『空』なるものだとする深い眼をもてば、一切にこだわる日常がおろかに見え、あるがままに、あるがままのものをそこに見て、何の詮索もなくくらせば、そこに人間本来の安息を招きとることができる、と説くこの経は、私のような凡俗人の頭を撲りつける高遠な思想である。まことに、理を以てかく説きつくされれば、自然と眼の前の雲がはれるような気分にもなるのだが、しかし、凡俗の私には、あるがままの存在をゆるす、いや、ゆるすなどといってはまたあやまりになるわけだが、無心、無所得の境地に入ることのむずかしさが思われてならない」(同186)。ここで繰り返されている「凡俗」とは、われわれの言う一般人に当るものであろう。水上の言葉は、一般人にとっての空の立場に立つことの困難を明らかにしている。

障害をもつ子への思い

その言葉を水上は彼個人の切実な事情から発している。すなわち、「早い話が、私は、今日も障害をもつ次女の将来を思いあぐね、いつくるかわからぬ私の死をおそれている。私が死ねば、妻はともかく、子の生きこしが心配になる。死ねば、もうそんなものともかかわりがない。妻といえど、子といえど、それは色身にかかわる存在だったゆえに、死は般若の知恵に参入した『空』の身現に他ならぬから、何ほどのかかわりももてぬということになろうけれども、しかしである、私という人間が、この世にうんだ、歩けない子のゆくえが気にかかるではないか。」(同186-187)

水上は、「三世因業説」を自己の苦悩に引き付けて受け止めている。「過去にわるいことをしたから、現在の苦が生じている、というこの説法は、私の今日の苦悩の根にふかくささっているのである。小さいころに、たたきこまれたため、血液の中に入りこんで、障害の子を生んで、その将来を悩み苦しむ私は、過去のそのむくいをもつ根をつくったのだろうか。そうなると、私という人間だけがもった業であって、罪ぶかいではないか。そうして、その罪ぶかい私に、妻はかしずき、子は、愛憎の朝夕を這いながら生きてゆかねばならぬ生涯だろう。かようなことを思う私は、『心経』は、高い所から叱咤する。色身の迷妄ではないかとそのような迷いごとを申すから、心経を読ませたのだぞと説いてくれても、説法は、うちの子の足を直してくれやせぬ。子の苦は、生きているうちはつづくのだ。その子を看護せねばならぬ妻も、同じ悩みと苦をもちつづけるだろう。こう思うと、私だけが心経に救われても、はなはだ得手勝手だな、という思いもしてくるではないか。」(同 187-188)

水上の苦悩はあまりにも深く大きい。空の立場がこの苦悩に応えることができるとすれば、それは子の障害を直接治す以外にないとも思われる。つまり、苦悩を空の立場から捉えることは実践的にしか行われえないのである。

水上は、この苦悩にのたうちまわって生きるしかないということになる。「そうだ。何も，自分だけ悟境に入って、悠然と、ありのままをありのままにみてくらす境界になどいないで、妻子とともにいっしょに苦しみをともに生きもがいた方がよいような気もする。悩み多いこの世に、悩みのタネをまいて生きている私は、その種子の芽だちによって、それぞれの業の花をひらかせて、くらしたい。妻子とともに、のたうちまわって生きるしかないではないか。どこに安心立命などあるものか。そんなものがあったら、見せてくれ。私の眼の前はいま、闇のくろぐろとした、ひとすじの光もない漆黒があるばかりである。仏も見えない。神も見えない。法の声も聞こえてこない。救いのないくらやみだ。私は、そんなくらやみに、心身を染めて、のたうちまわって、こときれる日まで苦しみ生きるしかない。そこに、多少の慣れのようなものを感じることはあっても、救済されてゆく自分はないような気がする。困った人間だ。しかし、困った人間だから、いま『心経』が、ありがたく毛穴に入ってきて、心身を洗うような気もするのである。そして、不幸なことに、洗われたしりから、また、くろぐろとしてくる。」（同 188-189、傍点原文）

ここには、一般人の立場からこの立場と空の立場との違いがこれ以上のものはないと思われる形で述べられている。その声にわれわれは耳を傾ける他はないであろう。一つここで言えることがあるとすれば、水上が自己のみの救済は（そのようにさしあたり捉えていると読めないわけではない）ありえず、妻子とともに苦しむ他ないとすることは、大乗仏教の精神からしても当然であるということであろう。そうだとすれば、水上の苦悩を受け止めることなしには大乗仏教の精神もありえないということになろう。空の立場の理解も一般人の外側に立つ限り、大乗仏教の精神に即していないということになるであろう。経典最後の真言が智慧への呼びかけである（立川『般若心経の新しい読み方』255 参照）ということには、空の立場が実践的にしか成り立ちえないということを示しているのであろう。水上にとって妻子とともに生きるということによってはじめて空の立場は一つの可能性として開かれるのであろう。その際、社会的にこの苦悩に対応できるような集団的実践が求められることは言うまでもない。

九歳の水上少年は「ぎゃあてい、ぎゃあてい、はあらぎゃあてい、はらそうぎゃあてい、ぼうちそわか、はんにゃしんぎょう」（同 189）という経文を耳からたたきこまれたという。水上はこのような幼少時代の「意味もわからぬまま誦じていたころの、欲心のない『心経』への参入」（水上『「般若心経」を読む』189-190）をなつかしんでいる。しかし、この水上の思いと妻子とともに生きることによって開かれる空の立場の可能性の実現との間には明らかに大きな落差がある。この落差に対して、集団的実践こそ水上にとってのこの落差を乗り越え、真言を実現させる実践として期待されよう。

3　柳澤桂子「心訳」

『般若心経』の現代語訳の一つに生命科学者柳澤桂子の「心訳」がある。柳澤は、自己の科学的立場から空の立場のうちに真実を捉えるという視点を提示している。この視点は、科学の発展を前提する現代に生きるわれわれが古代以来の文化的伝統のもとにある空の立場とどのように向かい合うべきなのかという点で多くのことを教えてくれる。柳澤による空の立場の捉え方は、この視点からの「色即是空　空即是色」の理解のうちに顕著に示されている。そこでこの理解について次に検討しよう。

柳澤は、「色不異空　空不異色」・「色即是空　空即是色」を次のように「心訳」する。

「色不異空　空不異色」については、

形のあるものは形がなく
形のないものは形があるのです
(柳澤『生きて死ぬ智慧』3)。

「色即是空　空即是色」については、

私たちは　広大な宇宙のなかに
存在します
宇宙では
形という固定したものはありません
実体がないのです
宇宙は粒子にみちています
粒子は自由に動き回って　形を変えて
おたがいの関係の安定したところで静止します
お聞きなさい

形のあるもの
いいかえれば物質的存在を
私たちは現象としてとらえているのですが
現象というものは
時々刻々変化するものであって
変化しない実体というものはありません
実体がないからこそ　形がつくれるのです
実体がなくて　変化するからこそ
物質であることができるのです
(『生きて死ぬ智慧』6-7)(註26)

この「心訳」そのものがどのような文脈で言われているのかを理解するのは、なかなか難しい。この文脈を理解するために、柳澤が何を『般若心経』から読み取ったのかという点について彼女の述べることを聴こう。

ものを一元的に見る

柳澤の視点は、『般若心経』のうちに「ものを一元的に見る」立場を見出し、そこに「二元的なものの見方」を克服し、「物事に執着するということ」をなくす方向を捉えているところにある。

まず一元的立場を釈迦の見抜いた「真理」とし、このことは「偉大な宗教」には見られるのだと言う。「私は、釈迦という人は、ものすごい天才で、真理を見抜いたと思っています。ほかの宗教もおなじですが、偉大な宗教というものは、ものを一元的に見るということを述べているのです。『般若心経』もおなじです」（あとがき、『生きて死ぬ智慧』43）。この「偉大な宗教」一般が一元的立場を採っているとする点はより詳しい論究が必要であろうが、釈迦が見抜いたという「真理」についての柳澤の主張は明確である。

これに対して、二元的立場が克服されるべきものとして位置付けられる。「この傾向［乳児にも見られるものを自己と他者とに区別する振る舞い——引用者］はどんどん強くなり、私たちは、自己と他者、自分と他のものという二元的な考え方に深入りしていきます。元来、自分と対象物という見方をするところに執着がうまれ、欲の原因になります。／自分のまわりにはいろいろな物があり、いろいろな人がいます。／ところが一元的に見たらどうでしょう。二元的なものの見方になれてしまった人には、一元的にものを見ることはたいへんむずかしいのです」（同44）。ここで「二元的な考え方」とは、後に述べるように一元的立場に対置される「錯覚」故に生ずるものであることになろう。

では、この二元的立場に囚われがちなわれわれはどのように空の立場を乗り越えていくことができるのか、が問われよう。この点について柳澤は、科学者らしく「科学の進歩」の視点についての示唆を与えてくれる。この視点とは、「原子」をめぐる視点である。「でも私たちは、科学の進歩のおかげで、物事の本質をお釈迦さまより少しはよく教え込まれています。／私たちは原子からできています。原子は動き回っているために、この物質の世界が成り立っているのです。この宇宙を原子のレベルで見てみましょう。私のいるところは少し原子の密度が高いかも知れません。あなたのいるところも高いでしょう。戸棚のところも原子が密に存在するでしょう。これが宇宙を一元的に見たときの景色です。一面の原子の飛び交っている空間の中に、ところどころ原子が密に存在するところがあるだけです。／あなたもありません。私もありません。」(同)

柳澤の言うところに従って「原子のレベル」で見るならば、原子の密度に濃淡はあれ、宇宙は一元的である。この原子の濃淡が「物」つまり個々の存在者である。この存在者とは原子の濃淡でしかないのだが、その場合、「あなた」や「私」はその存在者一般の一つでしかない。したがって、存在者というものが原子の濃淡として存在するのでしかない以上、「あなた」も「私」も存在しない。それ故に二元的立場は「錯覚」であることになる。この視点は「錯覚」を乗り越える方向を教えている。つまり、一元的立場に立つならば、「あなた」や「私」は「錯覚」なのだということを受け容れる方向である。このことによって二元的立場について反省される。これで二元的立場を乗り越える方向が示されたわけである。

「私」は錯覚？

しかし、次の問題が生ずる。では存在しないとされた「あなた」や「私」はまったく存在しないのかと言えば、上の引用に続いて柳澤はそれが存在すると言う。「けれどもそれはそこに存在するのです」(あとがき、『生きて死ぬ智慧』)。この文章を理解することはなかなか難しい。そのまま受け取れば、ここでの「それ」は「あなた」や「私」を指しているであろう。この「それ」が「存在する」ことになる。ここで言われる「存在する」という意味がどのようなことかが問われよう。この点は柳澤の文脈の中では必ずしも明らかではない。柳澤はこの点を「物」の存在の仕方に結び付けて、「とらわれる」ことはないと言う。「物も原子の濃淡でしかありませんから、それにとらわれることもありません」(同)。さしあたりここで「物」について言われていることから見て、「あなた」や「私」は「物」としては存在するとされていることになろう。確かに「物」は存在するのではあるが、しかしこの「物」も存在するとは言っても、それは原子の濃淡でしかないのである。このことを受け容れるならば、「あなた」や「私」は存在しないけれども、「物」としては存在すると言うことはできる。柳澤は、このような存在の仕方に対してどのような態度を採るべきかを説く。すなわち、ここでの「物」、このような「物」としての「それ」、つまり「あなた」や「私」には「とらわれる」ことがないとされる。さらに言うならば「とらわれ」てはならないということになろう。

ここで明らかされなければならないことは、「とらわれる」ものとは何かということである。それは、そのように「とらわれる」ものとは「物」一般の中で特別の在り方をしている「物」であろう。それは、「私たち」つまり人間に他ならない。あるいは人間の中でまだ悟りに達していない人間がそのように「とらわれる」ものとして挙げられるであろう。

ここに一元的立場を採るのかどうかという問いが生じている。もし空の立場を採るならば、われわれは何事にも「とらわれる」ことなく、これを受け容れることができることになる。柳澤は、ここに釈迦の悟りを見出す。「二元的な世界こそが真理で、私たちは錯覚を起こしているのです。／このように宇宙の真実に目覚めた人は、物事に執着するということがなくなり、何事も淡々と受け容れることができるようになります。／これがお釈迦さまの悟られたことであると私は思います。もちろん、お釈迦さまが原子を考えておられたとは思いませんが、ものごとの本質を見抜いておられたと思います。現代科学に照らしても、釈尊がいかに真実を見通していたかということは、驚くべきことであると思います。」(同)

この場合問われなければならないのは、一元的立場と二元的立場との区別がなされるのだが、そもそもこれら二つが区別されること自体にはどのような意味があるのかということである。ここでは前者が「真理」とされ、後者が「錯覚」とされ、そして後者から前者への転換が求められている。この転換が求められるということは、「錯覚」とされる事柄が「科学の進歩のおかげで」少しはなくなっているとしても、依然としてわれわれがそれに「とらわれている」ということであろう。ここに、われわれ人間にとっていかにも二元的立場が事実として強いものであることが指摘されている。「真理」としての「一元的な世界」があるにもかかわらず、われわれにはほとんど不可避的に二元的立場が現われ、事実として存在する。われわれは、このような事実の中に生きている。このような状況を前にしてわれわれは、この事実を乗り越えようとする。その乗り越えの方向として提示されているのが空の立場である。そこで、空の立場からの呼びかけに応えるのかどうかがわれわれに問われている。

もしわれわれが空の立場の方向を採るならば、そこには避けられない条件がある。それは「私」が存在しないことを受け容れるということである。奇妙な言い方だが、「私」とは「錯覚」であり、そのような仕方で存在する自己は存在しないのである。しかし、ここで問われるのは、空の立場が実現したとすれば、ここで問う者としての自己が空の立場そのものと一体化した仕方でそこに存在するのではないかということである。確かに「私」は存在しないのだが、しかし誰がそのように言うのかが問われるのである。少なくともこのこと自体を受け容れる主体としての自己が想定されなければならないであろう。この主体である自己は、このときはすでに「私」ではないけれども、しかし世界との関係を構築しようとする者であろう。それは、「物」一般に属しながらも、その中で独自性を持つ。

柳澤の文脈では、ここでの主体とは一元的立場に立った者であることになろう。つまり、「物」における原子の濃淡という視点から事柄を捉える者である。しかし、本書としてはここでの主体について柳澤とは別の仕方で理解したい。すなわち、一方ではこの主体とは確かにこのように捉える可能性を持った者でもあるが、しかし他方ではこのようには捉えることができない「錯覚」に生きる者でもあるという仕方である。そのように想定する場合、この主体とは「錯覚」することもある主体であろう。そのときにはこの主体は、「私」として存在していることになる。柳澤の理解を徹底させるならば、この「私」も一元的立場において位置付けられなければならないはずである。つまり、奇妙な言い方であるが、この「私」は存在しないという仕方で存在するのである。この「私」を「錯覚」として排除するだけでは、一元的立場はその外部に「錯覚」を置くということによって、実は一元的立場ではなくて二元的立場として相対化されてしまうということになるであろう。

ただし、この主体は柳澤の文脈におけるように「錯覚」を「錯覚」として捉えることのできる主体でもある。そこに「錯覚」から「真理」へと態度を転換する主体の態度決定が行われるわけである。そのような者であるからこそ、どのような態度を採るのかを問わざるを得ないのである。そうであるとするならば、この主体は「真理」と「錯覚」との間にある。それは、「錯覚」に陥りがちでありながら、しかし「真理」へと自己を形成することのできる者でもあることになる。もちろん結果的には、その中の少数者にしか「真理」に到達することができないのかもしれない。そうであるにもかかわらず、「私」である者に対しても「真理」が説かれる以上、この「私」ですら少なくとも「錯覚」を乗り越える可能性を持つ者として承認されていることになろう。このことをわれわれ自身に引き付けて言えば、われわれが「錯覚」に陥りがちであることの事実としての重みを受け止めつつ、しかもそれを乗り越える可能性をも持つ者としてわれわれは自己を捉え直す必要があろう。

経典最後の真言については、柳澤は玄奘訳とは異なって音写するのではなく、サンスクリット原文に従った形で日本語に訳している。その際おそらく先行する学問的な翻訳を参考にしたと思われるが、表現上とくに大きな変更は加えていない。

行くものよ　行くものよ

彼岸に行くものよ
さとりよ　幸あれ

これで
智慧の完成の言葉は
終わりました
（『生きて死ぬ智慧』31）

ここでは柳澤の「心訳」は空の立場そのものの解明に集中しており、その立場の展開としての真言についてては静かに語られるのみである。すなわち、この表現が何を意味するのかという点についてこの表現自身に積極的な意味が与えられているというわけではない。

4　新井満「自由訳」

もう一つの現代語訳として、作家新井満の「自由訳」を取り上げよう。これは、「色即是空　空即是色」の思想にまさに「自由」な解釈を加えて、「いま」生きているわれわれに一人一人の人間の生きる意味をめぐって空の立場への道を示している。われわれは、次のような状況のもとにある限り、この道の指し示す方向から多くを学ぶことができよう。すなわち、われわれが「いま」めまぐるしく変化する世界の中で、ともすれば自己の生きる意味は何なのか、あるいはそれはどのようにして見出すことができるのかを問いつつも、この問いに答えることがなかなかできないという状況である。この状況のもとでわれわれは、この意味を求めざるを得ない。そのとき、われわれは空の立場が示しているこ とに示唆を受けて、自己と世界との関係について一つの捉え方をすることができるようになり、そしてこの世界の中における一人の人間としてこの意味を見出すことができるかもしれない。そこでこの意味をめぐって、この「自由訳」からのメッセージを聴くことにしよう。

新井のえがくイメージ

「色不異空　空不異色」を新井は次のように「自由訳」する。すなわち、

この世に存在する形あるものはすべて、
空《くう》にほかならないのだよ。
そして、
空《くう》であるからこそ、
すべてのものが、
この世に生じてくるのだよ

（新井『自由訳　般若心経』10、以下同。ここでは玄奘訳の書き下し文が底本になっているようである。この書き下し文と原文との違いについては註19参照）

引用の前半は、空の立場の端的な主張である。ここから後半の主張がどのように導かれてくるのかは、十分には「自由訳」されてはいない。この点を含めて、「自由訳」の展開は「色即是空　空即是色」においてなされている。そこでこれらについて見る必要がある。

「色即是空」については、次のように「自由訳」される。すなわち、

この世に存在する形あるものとは、
喩《たと》えて言えば、見なさい、
あの大空に浮かんだ雲のようなものなのだ。
雲は刻々とその姿を変える。そうして、
いつのまにか消えてなくなってしまう。
雲がいつまでも同じ形のまま浮かんでいる
などということがありえないように、
この世に存在する形あるものすべてに、
永遠不変などということはありえないのだ。

すべては固定的ではなく、流動的なのだ。
自立的ではなく、相互依存的なのだ。
絶対的ではなく、相対的なのだ。
今そこにあったとしても、
またたくうちに滅び去ってしまう。
そうであるならば、
そんなつかのまの存在に対してあれこれと、
こだわったり思い悩んだりするのは、
ばかばかしいことだとは思わないかね……
(新井『自由訳　般若心経』14-15)

「雲」の喩えは分かりやすく明快である。ただし、このこととこれについて「こだわったり思い悩んだりする」のかどうかとは別問題であろう。しかし、後者の点に言及されることによって、そもそも何故「空」について主張されるのかという点について訳者としての新井の問題提起の趣旨が示されていると言えよう。つまり、「こだわったり思い悩んだりする」ことからこれをどのようにして乗り越えていくのかが問われているのである。

「空即是色」においては、先ほど展開されていなかった空の立場における「すべてのもの」の生成が

明らかにされる。すなわち、

この世に存在する形あるものすべてがつかのまであるからこそ、
ついさっきまで存在していたものが滅び去った次の瞬間、
またぞろ様々なものが、
この世に生じてくるのだよ。
あたかも何もなかったあの大空に、
再び様々な形をした雲が、
湧き出てくるようにね……
（新井『自由訳　般若心経』16-17）

個々の存在者が「空」によって否定されたことがかえってこれら存在者の生成の前提となっている。この生成についての主張の理由は、このままでは不明であるが、大事なことは個々の存在者の存在が肯定されるということである。個々の存在者の存在が肯定されるということは、それらの生成には何らかの「意味」があるということである。かくて、ここでのメッセージは、あらゆるものは「つかのまの存在」であるが、しかしそれらが「意味もなくこの世に、生じてくるわけではない」（同18）ということである。

このことには存在者一般について一つの捉え方が前提されている。すなわち、あらゆるものを「因縁」において捉える捉え方である。この捉え方によれば、あらゆるものは「無数の様々な原因（因）と条件（縁）が、寄り集まって生じてくる」（同18）のであるという。これだけではこのことが何故主張されるのかは不明である。この点については、「自由訳」の内容から推測するならば、次のようになる。そこで問われているのは、あらゆるものの中で人間一般とりわけ個人はどのような意味を持って生まれてきた者として位置付けられるのかということである。つまり、とりわけ個人がどのような生きる意味を持っているのかが問われるという視点から、「因縁」が捉えられるのである。このように言えば、事柄が転倒しているとも言えるかもしれない。本来は存在者一般についての捉え方が根底にあって前提となり、ここから個人の生きる意味についても捉えられることになるわけである。しかし、むしろ問いの出発点は個人の生きる意味にあると理解することが許されよう。そしてそのような生きる意味への問いは、そもそも個人にとっては空の立場への接近そのものの理由となるものであろう。そのように理解することによって、何故空の立場が宗教的に求められるのかについても一般人にとって納得がいくわけである。

この個人についても、他のあらゆるものと同様に言われる。個人は、ここでは舎利子によって代表されている。観自在菩薩は、舎利子を「あなた」と呼んで彼に語りかける。「生まれる意味があったからこそ、あなたは生まれてきたのだ」（同24）、と。この意味を問うことの基盤となるのは、存在者一般をつなぐものが捉えられているということである。それは、「いのち」であるという。すなわち、

「いのち」が根底となって、あらゆるものがつながっている。個人とは、そのような「いのち」の一つであることになる。
この捉え方は個人の中にまで貫かれている。つまり、この個人の中にさらに「無数のいのち」があるという。

無数のいのちが寄り集まって、
あなたといういのちを成しているのだ。
その中の、
わずか一つのいのちが欠けたとしても、
あなたといういのちは成りたたない
(新井『自由訳　般若心経』27)

という。個々の人間の存在が「無数のいのち」に結び付けられているのである。このような個人の把握から、今度は「宇宙」へと視野が広がる。つまり、この「いのち」のつながりとして「宇宙」全体が捉えられるのである。
「宇宙」全体は、「宇宙大河」として「無数の一滴」から成り立つという。そして逆に「宇宙大河」が個々の「一滴」に依存するとされる。

宇宙大河は、
無数の一滴が寄り集まって成りたっている。
そうであるならば、その中のわずか一滴が欠けたとしても、
宇宙大河は成りたたないことになる。
一滴は、
宇宙大河を成し、
宇宙大河は、
一滴に依存している
(同 31)

という。個人の「いのち」と言われたものは、この「宇宙大河」の「一滴」であるという。空の立場からするならば、「宇宙大河」は個人の「いのちの一滴」に依存することになる。

あなたのいのちの一滴は、
宇宙大河を成し、
宇宙大河は、

あなたのいのちの一滴に、
依存している
(同 32-33)

のである。ここに個人と「宇宙」との一体化が生ずる。

「あなたとは、宇宙そのものなのだ」(同 34)。

こうして個人は、一方では「つかのまの存在」であるが、他方では「ありがたい存在」となる。ここでは個人としての「あなた」をも含む「私たち生きもの」がこのように二重の仕方で捉えられている。すなわち、

かげろうのようなつかのまのいのちを生きている私たち生きものとは、なんとはかなくせつない存在だろうねえ。
しかし、たとえつかのまであったとしても、そのようないのちをいただいている私たち生きものとは、なんとありがたく、すばらしい存在だろうねえ。
(同 38)

ここでの「私たち生きもの」には、あらゆるものが含まれる。すなわち、個人ばかりではなく、他

のあらゆるものも、つまり存在者一般が含まれる。さらに舎利子への「私たち生きもの」という呼びかけ方から見て、観自在菩薩自身もまたこの「私たち生きもの」に含まれることになるであろう。そのことを可能にしたのは、「いのち」に他ならない。個人と「宇宙」とが「いのち」によって結び付けられたわけである。

このように個人が結び付けられた「宇宙」には言うまでもなくあらゆるものが含まれている。ここではあらゆるものとのつながりの中で個人が生きているということが強調される。一人の人間は一人で生きているわけではなく、他の存在者とのつながりの中に生きているという。他の存在者とはここでは他の人間ばかりではない。それには人間以外の生物および無生物も含まれる。つまり、人間は他のあらゆる存在者とともに生きているとされるのである。そして人間はこれらとともに「この世」をなすという。

あなたは、たった一人でこの世を生きているわけではない。他の人間たちはもちろんのこと、あなたはあなたをとりまいている虫や花や魚や鳥や馬や牛や虎や犬や猫や蛇や蟻や象や蝶や樹や森や岩や月や星や太陽と共に生きているのだ。彼らと共にこの世を成しているのだ。

(同 38-39)

ここには人間中心主義を超える視点があると思われる。

「いのち」の連鎖

ここで問われるのは、この視点を支えるものは何かということである。この問いへの答えは、すでに「宇宙」について言われたように、これらの存在者が「いのち」として捉えられていることのうちにある。つまり、単に生物ばかりではなく、無生物もまた「いのち」として捉えられる。このように「いのち」として捉えられることによって、生物と無生物との区別が乗り越えられるのである。そして個々の生物や無生物がすべてこれらのものの「絆」のうちの不可欠の「いのち」とされている。つまり、ここでは生物一般や無生物一般が捉えられた上で、これらのもののうちの個々の存在者が捉えられているのである。

ここから一つの重要な論点が導き出される。すなわち、「この世」つまり世界はあらゆる存在者の「いのち」から成り立っているのだから、それらは一つも欠けてはならず、もしそれらの一つが欠けても世界は成り立たないということである。ここに一つの「いのち」の存在が世界そのものの存在と等値されることになろう。世界としての「宇宙大河の一滴」である一つの「いのち」がこの世界そのものの存在を成り立たせるものであるということになる。ここにはまず存在しているものが全面的に肯定される視点がある。個々の存在者が「いのち」として捉えられ、その存在が世界の存在そのものの証なのである。さらに言えば、世界の存在の成立根拠は、個々の「いのち」としての存在者の存在のうちにあることになるわけである。世界の存在が個々の存在者の存在に帰せられるという視点のうちに、個々の存在者の存在の意味も捉えられるであろう。つまり、この視点から一つ一つの「いのち」の存在の意味が捉えられるのである。

その際、これらの存在者の関係は家族をモデルとする関係とされる。

その中のたった一つのいのちが欠けても、この世は成りたたない。彼らはあなたの親であり、子なのだ。兄弟であり、姉妹なのだ。そしてどのいのちとも深い絆《きずな》で結ばれていて、助けたり助けられたりしながら生きているのだ。

（新井『自由訳　般若心経』39）

ここには、人間中心主義を超えた立場が「いのち」という枠組みで捉えられている。そして、この枠組みをなすモデルが家族として捉えられる。つまり、人間を超える世界が人間の視点で捉え直されているのである。ここではこのような捉え方それ自体が人間中心主義ではないのかという疑問もないわけではない。しかし、このような家族モデルが個人にとって生きる意味を分かりやすくしていると言いうる。それは、次に述べる個人の「役割」についての捉え方を考慮することで理解されるであろう。

この世界の中で個人の意味ある「いのち」とは、その個人の「役割」であるという。

自分以外の他者と、

人間以外の無数のいのちのために、
何ができるか。
あなたでなければはたせないあなただけの役割をはたすために、
あなたはこの世に生まれてきた。

（同 40-41）

このことは、次のことを前提しているであろう。すなわち、「いのち」のつながりの中でそのつながりを何らかの仕方で個々の存在者が支えているということである。ここでは必ずしも人間の「役割」が他の存在者の「役割」から区別されているわけではない。しかし、存在者一般の中でとりわけ人間が他の人間および他の存在者とともにあるわけだが、ここで人間の「役割」に言及されるということは、このことを人間が自覚するということが求められるということであろう。つまり、そのようなつながりにあることとそのこと自体を自覚するべき存在者として人間が捉えられていることになると思われる。そしてその自覚は個人に求められる。すなわち、個人がその「役割」を自覚するということである。

このことを自覚するということが個人にとって容易であるとはなかなか言えないことであろう。しかし、このことを家族というモデルのもとに捉えるということは、個人にとって世界というものを自己にとっての家族というものとして捉えることによって、身近なものとして分かりやすくさせるであろう。少なくとも、家族のうちに世界というものを見ることによって、自己がどのように世界との関係を構築するのかという問いに個人にとっての答えを見出しやすくするとは言いうるであろう。

もちろん生物と無生物との区別、生物一般と人間との区別、人間一般と個人との区別について検討する必要があろう。これらが家族というモデルで捉えられるということの根拠、そしてその中で個人の「役割」が明らかにされるということの根拠についてはここでは触れられてはいない。そのような根拠には触れられることなく、むしろ「観自在菩薩」の語りかけは直接個人に向けられている。すなわち、人間は「舎利子」によって代表されている。そしてそれぞれの個人は、舎利子のように「空」を求める人間として位置付けられているのである。観自在菩薩に「空」について教えを乞う舎利子は、すでに「空」についての教えを聴く姿勢を持っている。

ここで一つの問いが生ずる。すなわち、観自在菩薩と舎利子との関係をどのように捉えるべきなのかという問いである。本書としては、この関係を専門家と一般人との関係と捉えたい。すなわち、このような関係において個人が位置付けられているということである。観自在菩薩が「私たち生きもの」という言い方で自己自身を含めて、あらゆるものについて表現したとき、観自在菩薩は舎利子と同じように人間の次元に立っている。この次元において捉えることができるとするならば、両者の関係は専門家と一般人との関係として捉えることもできよう。もちろん観自在菩薩の語りのうちに専門家による語りを見出すというのは、経典としての位置付けからは離れるかもしれない。しかし、ここに専門家と一般人との対話という両者の関係の在り方を見出すことが可能であるならば、存在者の存在を問う「空」という宗教的な主題についても宗教上の立場を離れて人間の側から接近することができるであろう。

その場合、空の立場そのものはすでに観自在菩薩によって把握されている。その点は、人間の側からの接近を超えているところがある。というのは、専門家は人間としては言うまでもなく一般人と同じ次元にあり、したがって空の立場のような立場を採ること自体が専門家自身の課題であるのだからである。しかしにもかかわらず、観自在菩薩の教えは舎利子にとってまったく学ぶことができないわけではない。そもそも経典という形で教えが説かれているということは、学ぶことができるということが前提されているであろう。

真言

経典最後の真言について新井は、玄奘訳によるサンスクリット音写のかな書きをした後、「自由訳」(『自由訳　般若心経』60-63)を示している。


今度は、呪文の奥に隠されている真意を想い浮かべながら、唱えてみよう。

まずは、自分が彼岸《ひがん》に往《ゆ》く、さとりに至る、というイメージを心に想い描きながら、唱えてみよう。

往《ゆ》くぞ
往《ゆ》くぞ
彼岸に　往《ゆ》くぞ
さとりに至るぞ
おお、往《い》った、往《い》った
完全に往《い》った
ああ、よくぞ、よくぞ往《い》ってくれた
めでたい
すばらしい
最高だ
ばんざい
ばんざい
ばんざい

次には、こだわりに満ちていた旧生命をなげすて、新生命として再生する。彼岸に至り、さとることによって、新しいいのちとなって生まれ変わる……。

そのようなイメージを心に想い描きながら、唱えてみよう。

生まれ変わるぞ
生まれ変わるぞ
もうすぐ、生まれ変わるぞ
おお、生まれ変わった、生まれ変わった
完全に生まれ変わった
ああ、よくぞ、よくぞ生まれ変わってくれた
めでたい
すばらしい
最高だ
ばんざい
ばんざい
ばんざい

ここには真言を唱えるプロセスが示されていて興味深い。すなわち、イメージを思い描き、唱え、唱えつつ彼岸への到達が実現するその実感が二つの段階で描かれる。第一段階は、彼岸への道を往くこと自体、第二段階は彼岸への到達による生まれ変わりである。そしてそれぞれの段階への到達の喜

びが描かれるわけである。

第5章　一般人の立場と空の立場との関係

　本書としては、人間として生きるための実践の原理をめぐるわれわれの問いに対して一つの根源的な答えを提示する手がかりになるものとして、空の立場を捉えたい。われわれの課題は、すでに述べたように、「いま」日本において現われている世界に生きているという限定をつけた上で、一般人の視点からわれわれにとっての「むかし」の文化的伝統、すなわち東洋ないし日本の伝統の中から大乗仏教における空の立場を取り上げ、われわれにとっての意味を明らかにすることである。この課題が生ずるのは、次の事情からである。すなわち、「いま」世界がめまぐるしく変わる状況に対するわれわれの態度を明らかにすることが求められているとき、空の立場はこの状況に対して、われわれの実践の原理となりうるかもしれないという事情である。では、このことが果たしてその通りなのかどうかを吟味しなければならない。この吟味のために、次の四点を論究しよう。

　第一に「いま」の世界における変化と空の立場とはどのように関係するのか（1）、第二にわれわれはどのように空の立場と出会うのか、(2)、第三に空の立場は一般人にとってどのようなものとして受け止められるのか(3)、第四に空の立場は一般人にとって実践の原理としてどのように働きうるのか(4)という点である。

1 「いま」の世界における変化と空の立場

「いま」世界がめまぐるしく変わる状況の中で空の立場について取り上げることには特別の意味があろう。というのは、空の立場が「いま」の世界におけるめまぐるしい変化という状況において従来にもましてますます重要になっていると思われるからである。すなわち、空の立場はあらゆるものを変化のうちに捉え、不変のものの存在を否定する。したがってそれは、自己と世界との両者および両者の関係自体を変化のうちに捉える。「いま」の世界の変化はまさにそのような変化がわれわれにとって日常的であるということを示している。そしてほとんど例外なくどの個人にとっても、この変化がその個人の生活の中に浸透している。このことを逆に言えば、「いま」われわれにとって次のような新しい状況が生じているということである。すなわち、空の立場のように従来の仕方で捉えられた変化のうちにあらゆるものの真相を捉えることによって不変のものの存在を否定する立場にとっても、空の立場がとくにあらゆるものの不変性を否定するということを説くまでもなく、誰にとっても変化というものが当然であるとされるような状況である。

「いま」の世界における変化は、少なくともこれまで変化というものについて捉えられてきたものを遥かに越えており、変化というものの極限にあると思われる。すなわち、この「いま」の状況は、空の立場による変化についての主張をちょうどそのまま明示すると思われるような状況である。そうであるとするならば、この変化についての捉え方において空の立場はその立場の正当性を主張しうる状況のうちにあるのかもしれない。

ただし、IT化そのものが空の立場を実現するのかどうかは吟味されなければならないことである。そこには飛躍があると思われる。IT化は、あるいはIT化によって実現されるシステムは、あくまで人間の活動によって形成されるものであろう。そしてIT化によるシステムは、その内部で何らかの仕方で変化していくものであるにせよ、それの存在自体は前提されていると思われる。それは、人間によって利用される技術に止まるのであって、人間自身に代わることができるわけではない。このことは、次のことを意味しているであろう。すなわち、IT化自身は、それが人間の活動によって形成されるものであるということは言うまでもないことだが、しかし、それが技術である限りこの活動の在り方自体への批判的意識を産み出すものではないということである。

さらにこのシステムは、そもそも存在者一般を対象とするものではない。それは、人間の活動の一部をなすものであるにすぎない。言うまでもなく「空」の立場からは、存在者一般の一部をなすこのシステムの存在も「空」であるとされることになろう。「いま」の世界の状況のもとでこの状況を特徴づける変化が一つのシステムによって作り出されているものであるとするならば、そこにはすでに指摘されている問題がある。例えばインターネットにおける「一極集中」という問題（後述参照）は、システムそのものを不変のものとして前提していることになるであろう。この点から見て、空の立場はそれが存在者一般を対象とする限り、ＩＴ化とは異なっている。すなわち、後者が人間の次元に止まるのに対して、前者はそれを相対化し、われわれ人間をして人間中心主義の危険を免れさせるかもしれないのである。そこで少なくともあらゆるものが変化するという点をめぐって、次のことが論究されなければならないであろう。すなわち、空の立場そのものと同じような理解がかなりの範囲で共有されうる状況の中で、変化についての空の立場の主張がどのような意味を持つのか、とりわけ空の立場に正当性があるのかどうかということである。

2　われわれと空の立場との出会い

問い直しをせまられる

逆説的なことだが、空の立場との出会いはわれわれにとってはわれわれの問いへの答えを難しくするかもしれない。それは、次のような事情による。すなわち、われわれが空の立場に出会うのは、さしあたりそれが身近な文化的伝統のうちに当の問いに答えるための手がかりになりうるものとしてわれわれに与えられていることによってであろう。ところが、空の立場に出会うとき、おそらく他の立場に出会う場合にもましてわれわれは大きな困難にぶつからざるを得ないであろう。というのは、空の立場がわれわれの問いに答えるための手がかりになるどころか、かえってわれわれに問いを投げ返してくるからである。つまり、空の立場によってわれわれの問いの立て方そのものが揺るがされるのである。

われわれの問いの立て方そのものが揺るがされることになる理由は、空の立場によればわれわれの問いを構成している構成要素である自己と世界とがおそらくともに「空」であるとして否定されてしまうであろうことのうちにある。したがって、われわれが空の立場を受け容れるならば、そもそもわれわれの問いそのものが成り立たないことになるかもしれないのである。そのような事情のもとでは、われわれはわれわれ自身がそこに属する文化的伝統によって問いへの答えを見出すように促されるどころか、かえってわれわれの問いそのものについて根底から問い直しを迫られることになるであろう。

われわれがこの問い直しを迫られるということは、まずは明確な意識をもって批判的に吟味されることもなく無意識のうちに立てられたわれわれの問いの立て方があらためて問われるということである。しかし、さらに明確な意識をもって立てた問いでさえ、それ自体「空」であるとして否定されるかもしれない。もしそうであるならば、空の立場について論究することはそれ自体積極的な意味を持たないように見える。しかし、そうではない。というのは、空の立場について論究することによってわれわれの問いそのものを捉え直し、その捉え直しを踏まえた答えを別の仕方で見出すきっかけとなるかもしれないからである。その際、通常われわれが問いを立てる場合に意識することなしに前提してしまっている態度や、さらに仮に明確な意識を持っているとしても、そもそものような意識でもって当の問いに向かうことができるのかどうかが問われるというように、この意識による態度が批判的に吟味されることになろう。そして、これらの態度以外に別の仕方での問いの立て方がないのかどうかが新たに問われることになるであろう。

そこで、次のことが論究されなければならない。すなわち、では、それがわれわれの問いに対する根底からの問い直しを要求するとして、この要求が生ずるのはどのような意味においてなのか、すなわち、そもそも空の立場によってわれわれの問いそのものが存在理由を失ってしまうことになるのか、あるいはそうではなく、何らかの別の仕方で問いが立てられることによって、われわれの問いが位置付け直されるのかということである。そして何らかの別の仕方でこの問いが立てられて、われわれの問いが位置付け直されるとき、問いについてばかりではなく、答えについても何らかの別の仕方での答えが空の立場のうちに見出されるのかということである。

空の立場からの呼びかけは、日常生活におけるわれわれ自身の態度についてわれわれに根底からの反省を迫る。われわれは、日常生活の中であくせくし、いろいろなことで悩み苦しんでいる。そのようなわれわれにとって、日常生活において生じてくるさまざまな悩みや苦しみはこの「空」という言葉によって一気に消し去られ乗り越えられてしまうかもしれない。そして日常生活を成り立たせているものによってつくられている世界が「空」であるとされ否定されるのである。

もしこのように悩みや苦しみが消えてしまうというのであるならば、それは一人ひとりにとっては救いになるかもしれない。そのような仕方で宗教上の信仰が生ずることもあろう。そのような救いが求められるほどに、われわれの悩みや苦しみは深く大きいのである。しかし、そのような態度は往々にして先に触れた何らかの権威に無批判に従うという態度と異ならないということになるかもしれない。そうであるとするならば、われわれにはこの信仰の態度を採ることはできない。そこで、われわれはこの態度については保留し、批判的な意識を保持しなければならないであろう。たとえこのような批判的な意識もまた「空」であるとして否定されるとしても、少なくとも本書の問いとしては批判的な意識を保持しなければならないであろう。というのも、そのように批判的な態度を採ることが「空」とどのように関わるのかということ自体が自己と世界との関係へのわれわれの問いと内容的に重なっているからである。

この批判的な意識を保持するということは難しいことだが、しかし、われわれはそのような問題領域の存在そのものを歴史的に前提せざるを得ない。というのは、自己と世界との関係という問題設定そのものが歴史的に、少なくとも近代以降（日本において西洋文化の影響を受けてからは）われわれには与えられているからである（前述参照）。われわれは自己について、したがってその存在の根源について問わざるを得ないという仕方で生きている。そしてまたそのことと相関的に世界について問わざるを得ないのである。このように両者について問うことは同時に不可避的に両者の関係について問うことになるであろう。

しかし、さらに難しいことがある。というのは、われわれの問いに伴う問題はここまで述べたことに尽きるものではないからである。すなわち、われわれが一歩踏み込んで空の立場を捉えようとするならば、もう一つの問いが生じてくる。その中でも、そもそも限られた時間のうちに生きるのみでやがては消えてしまうというわれわれの存在にはどのような意味があるのか、そしてそのようなわれわれが生きているということ自体にはどのような意味があるのかという問いがわれわれを根底から不安にさせる。すなわち、このような生きる意味をめぐる問いにおいて、少なくとも問う主体としてのわれわれ自身という自己が存在しているということとそのこと自体において、それが何ら確かなものではないのではないかという根底的な不安が生まれる。こうしてわれわれは根底からの不安に震撼させられるのである。このように震撼させられたわれわれは不安を解消してくれる何らかの立場を求めるであろう。そのことによってわれわれにとっては、どのような仕方にせよ「これから」自己と世界との関係を構築していくことが期待されよう。

「問い」は錯覚か

かくてこの不安は、われわれが自己と世界との関係を問うとき、このような問いそのものが疑わしいものではないかという問いを促す。この促しの中で一つの予感が生まれるかもしれない。すなわち、このような問いが実は「錯覚」(柳澤の議論参照)であるのかもしれないという予感である。そこで、われわれはこの予感をもとに問いの立て直しをする必要があることになろう。それが錯覚であるとするならば、われわれは、次のことを批判的に吟味しなければならないであろう。すなわち、われわれの問いがわれわれの日常生活から生じてきたのである以上、この錯覚はこの日常生活の前提となっているわれわれの態度の在り方から生じたのかもしれないということである。もしそうであるならば、われわれの日常生活において生じてくる悩みや苦しみは、この態度の在り方による錯覚であることになる。このようにして、われわれは根底からの不安によって日常生活上の悩みや苦しみが錯覚にすぎないのではないかという予感へと導かれるであろう。

しかしながらまた、日常生活上の悩みや苦しみがたとえ錯覚であるとしても、少なくともわれわれにとってはそれらが存在しているということは疑うことができないであろう。そうであるとすれば、さらに次の問いが生じる。すなわち、そのようなものが存在しているということそのこと自体はどのように捉えられるべきなのか、そもそも何故そのような錯覚が生じるのか、この錯覚はそれなりの仕方で何らかの根拠を持っているのではないか、それはそれを錯覚であるとする立場とはどのように関わるのかという問いである。

では、われわれは空の立場からの呼びかけをどのように受け止めるべきか。このように問うとき、まず問われるのは、そのように問うわれわれ自身という「自己」とは何（あるいは誰）を指しているのかということである。われわれにとって、確かにこの自己はあたかも自明のものとして存在しているように思われる。そしてわれわれはこのことを吟味するべく明確な意識をもって問いを立てようとする。ところが、空の立場から見るならば、そもそもこのような「自己」そのもの、そしてこの「自己」が問いを立てること自体が疑われるわけである。この「空」という言葉によれば、世界と向き合って根底的な不安の中に置かれているわれわれの自己そのものが「空」であるものとして消え去ってしまうのである。したがってそのような「自己」の立てる問いも消えてしまうわけである。さらに同じように「世界」についても同様である。そこで、これらが当の立場においてどのように捉えられているのかが問われる。先にわれわれはこの問いをめぐって空の立場についてのいくつかの解釈をその典拠に即して考察した。この考察から、われわれは自己と世界との関係を構築する際にどのような方向付けを見出しうるのかについて言及する必要があろう。

3　一般人にとっての空の立場

一般に自己と世界との関係の構築をめぐってわれわれを方向付けるものは、われわれの実践を根底において導く実践の原理であろう。そうであるとするならば、われわれが空の立場からわれわれにとっての方向付けを見出すことができるのかどうかは空の立場がそのような実践の原理でありうるのかどうかにかかっていることになる。その場合留意されるべきことは、空の立場が語ることはとりわけ宗教者の悟りの内容についてであり、一般人の在り方についてではないということである。もちろんそこで一般人の在り方が取り上げられていないというわけではない。確かにそこでは一般人の在り方も取り上げられてはいるのだが、その取り上げ方はあくまで宗教者の悟りとの対比においてのみに限定されている。すなわち、一般人の在り方はこの悟りによって克服されるべきものとして取り上げられているのである。逆に言えば、このように克服すべき対象があることとの対比において当の立場が主張されている。したがって逆説的ではあるが、その限りではこの対象も単に否定的なものとして位置付けられているというわけではないということになるかもしれない。すなわち、それは悟りにとって不可欠であるということにもなるであろう。しかし、結局のところ、そこで主張されているのはあくまで宗教者の悟りの正当性についてである。そうだとするならば、それはそれだけではただちに実践の原理へのわれわれ一般人の問いに答えるものではないことになる。しかしながら、空の立場は言うまでもなくただ宗教者の悟りの内容を語るだけではない。同時にそれは、一般人に対して説かれるものとして経典としての意味を持っている。とりわけ「大乗仏教」としては、このことがその立場そのものにとって不可欠のことであるに違いない。

ここに一つの問題が生ずる。すなわち、一般人に説かれるということが空の立場にとって不可欠であること自体についてはとくに論究されることなく、すでに前提されているという問題である。そのような前提において、悟りについて語られるという形でそこには一般人が位置付けられるであろう。おそらくこの位置付けのもとで実際に一般人に分かるように説かれるのであろう（高神の議論について第4章1参照）。つまり、そこでは一般人の在り方はそれとして独立した仕方では捉えられていないのである。しかし、これに対して一般人の立場がある。この一般人の立場は経典の立場が説かれるとき、後者の立場との対比でそれとは異なるものとして自覚されてくる（水上の議論について第4章2参照）。そこでは専門家としてではなく、おそらく一般人として経典の立場を解釈する試みがなされるであろう。

そこでの論点は二つある。一方では、実践の主体がどのような意識の在り方のもとにあるのかが問われる。その中で一般人の立場は「錯覚」と捉えられる。例えば、現代科学の立場から経典の立場を解釈することによって、一般人の立場から出発しながら経典の立場に近づこうとする（柳澤の議論について第4章3参照）。そこでは実践の主体にとってその意識の在り方において、一般人の立場から経典の立場への転換が図られることになる。他方では、経典の立場を前提しつつ、空の立場からの一般人の位置付けを一般人にも分かりやすい仕方で説く。すなわち、一般人がそれぞれ「役割」を持つということを認識することによって、自己自身の根拠を見出すということである（新井の議論について第4章4参照）。そのことが一般人にとっての「悟り」への道を明らかにしているとされるのである。

われわれに問われるのは、これらの議論を踏まえつつ、われわれ自身はどのような立場に立つのかということである。この点に関して上に述べたように、学問的な議論からわれわれは次のことを学ぶことができる。「色」と「空」との関係をめぐって三段階からなるとする解釈について『般若心経』自身がそのような解釈を許すものとして歴史的に登場してきたということ、この三段階説に学ぶならば、そこには実践の〈主体〉を明らかにすることができること、実践のプロセスとして「色即是空空即是色」が捉えられることである。このことによって、われわれにとって空の立場のうちに実践の原理を見出すことが可能になるであろう。そこで、われわれには態度決定の二つの仕方が選択肢として与えられている。すなわち、空の立場に立つのか、それとも立たないかという二つの仕方である。

空の立場に立つならば、いかなる個別的存在者の「自己」も否定されるであろう。しかし、あらゆる個別的存在者のうちの一部である人間のうちでそのまた一部をなす一般人であるわれわれはそのように否定されながらも、実は存在し続けるであろう。というのは、われわれの「自己」は少なくとも実践のプロセスの主体としては「色即是空」すなわち「色」から「空」へのプロセスのうちに位置付けられるからである。このプロセスにおいて「自己」は「自己」であり続けながら、自己自身が錯覚であるかもしれないことを予感するところまでいくかもしれない。そこから先に進むのかどうか、あるいはどのように振舞うのかは「自己」の態度に委ねられる。そこから先に進めば、「空即是色」すなわち「空」から「色」へのプロセスにおいて、先の「色」とは別の次元で「自己」は登場するであろう。

これに対して必ずしも空の立場に立たない場合もあろう。ここでは空の立場との出会い自体は前提せざるを得ない。つまり他の文化的伝統のもとに自己を形成してきた者はその出会いを前提することはできない。もちろんそのような場合も想定されなければならない。その場合は空の立場がどこまで他の文化的伝統にある個人を位置付けるのかによる。

必ずしも空の立場に立たない個人にとっても言うまでもなく実践のプロセスがある。例えば他の文化的伝統のもとにある者は空の立場と出会っていないのだから、空の立場に立たないのは当然である。もちろん彼（彼女）らはそれぞれの立場において実践のプロセスにあるわけである。しかし、ここでは空の立場と出会ったけれども、空の立場とは異なる一般人の立場を採る個人の実践を考察の対象としよう。これは本書の立場である。この個人は自己が「色」の次元に置かれるということには関わっていない。しかし、にもかかわらず彼(彼女)は空の立場との出会いにおいては、空の立場から見て「色」の次元に置かれており、自己が「空」であるとされることとの対比によって自己の在り方について考えざるを得ないであろう。そのとき、一般人としての立場が強く自覚されてくるであろう。そして一般人なりの仕方で実践のプロセスがたどられるであろう。空の立場に立つ個人（宗教者・研究者のような専門家）にとっては、自己が「色」の次元にあるということを受け容れない個人（一般人）に対してもその立場を説かなければならないことになる。それが成功しないこともしばしばあることは言うまでもないことである。

空の立場に立たない個人は、空の立場からは「色」の次元に置かれる仕方で位置付けられはするけれども、その位置付けを受け容れることはない。そのとき、その個人にとっては空の立場との関係は緊張したものとなろう。ただし、この緊張が対立ということになるのかどうかは決まっているわけではない。ここから先は個人にとってどのような態度を採るのかは開かれているのである。すなわち、この個人はどこまでも空の立場を積極的に否定するかもしれない。あるいは積極的に否定しないまでも空の立場との出会いから逃れ、空の立場を受け容れることを拒否し続けるかもしれない。あるいは空の立場を受け容れないにせよ、学ぶべきことがあるならばできるだけ空の立場から学ぼうとするかもしれない。あるいは積極的に受け容れるかもしれない。あるいは逆に積極的な否定から緊張した対決を試み、その結果空の立場を受け容れるかもしれない。いずれにせよ、この個人にとってまず空の立場が存在しているということ自体については、これを承認せざるを得ないということになろう。彼

（彼女）は空の立場の存在自体を承認した上で、空の立場に対してその正当性を吟味するという意味において批判的な意識でこれを捉えるのである。したがって、空の立場を受け容れない場合も受け容れる場合もその態度決定は空の立場を批判的に吟味した上でのことである。

これに対して空の立場に立つ個人は空の立場の正当性を主張する以上、このような批判的な意識を持つ個人が存在するということ自体は認めざるを得ないであろう。その認め方はこのような個人を「色」の次元にあるものとして位置付けることによって、それが「空」であることを主張するという形であるが。ここに空の立場に立たない個人と空の立場に立つ個人とが相互にどのような関係に立つかが問われることになろう。その場合、空の立場の正当性が一方では説かれ、他方ではそれが認められないとしても、これら二つの立場がそれぞれ存在することを相互に承認するということが不可欠となろう。というのも、一方では空の立場がそれ自身を「大乗」であるとするからであり、他方で空の立場に立たない個人も自己と世界との関係の構築に向かおうとする限り、その一つの可能性として空の立場について吟味するという仕方ではあるが、空の立場を認めざるを得ないからである。

4　実践の原理としての空の立場

これら二つの立場の相互承認を前提として一般人としてのわれわれは、空の立場について次のことに注目する。すなわち、空の立場は、それが「色」とするものを「空」であるとして否定するとともにに、この「空」であるという否定の先に再び「色」を肯定するということである。そこでは「色」とされるものが一度否定されるけれども、この否定の上に立って、再び「色」として肯定されるのである。ここで問われるのは、このことがわれわれの元々の問いにとって何を意味するのかということである。そもそもわれわれにとって空の立場の意味を問うことは、自己と世界との関係への問いから出発したものである。したがってわれわれは、空の立場において主張されることをわれわれの問いに置き換えて捉える必要があろう。そこでこの置き換えをするならば、空の立場において肯定されるに至る「色」（あるいは「五蘊」）とはわれわれなりの仕方で捉えた自己と世界とを総体として捉えたものにあたるであろう。そうであるとするならば、自己と世界とは「空」であることにおいて、つまりその在り方が批判的に吟味されることにおいて否定され、そしてその否定を経てはじめてその存在を肯定されることになるであろう。

ここで問われるのは、自己と世界とが「空」であるとして否定されるとき、そこでは何が否定されるのか、そしてこれらがこの否定の上に立って再び肯定されるとき、そこでは何が肯定されるのかということである。自己と世界とが不変のものとしては否定されるわけだが、そこでは変化一般において相互に区別されるものはないのかどうかが問われよう。そのとき、例えば次のように問われよう。すなわち、自然の変化を超えた変化というものはないのかどうかというように。自然は確かに不変のものではない。その限りでそれは「空」であるとして否定されよう。しかし、もし一定の仕方での自然の変化を超えた変化があるとするならば、それはこの仕方での自然の変化と同じような意味で「空」

であるとは言えないであろう。もし両者が同じであると見做されるならば、この仕方での自然の変化を超えた変化の独自性を捉えることはできない。したがって、結局逆に変化一般がこの仕方での自然の変化と同じように限定されて捉えられることになる。

そこで変化一般の中に区別を見ることにしよう。この区別のもとでは「色即是空」の実践のプロセスにおいて「空」であるとして否定されるものは、一定の仕方での自然の変化であるよりもむしろこの仕方での自然の変化を超えた変化であろう。ここに実践のプロセスがあり、空の立場が実践の原理として働きうる次元があると言えよう。

一定の仕方での自然の変化については、これが「空」であるということをわれわれ一般人もまたそれなりに受け容れることができよう（これも空の立場に立つものではないにせよ、一つの実践のプロセスであるが）。この世界が変化するとき、自然の変化において生じた自己と世界との関係の変化についてわれわれはこれを受け容れざるを得ない。このときわれわれにとって自己と世界との関係が一度は見失われるかもしれない。例えば自然の災害において害を被った人間にとって自己と世界との関係を構築することは容易なことではないであろう。しかし、にもかかわらず、これまでこのような人間もまた、自然の変化に対応して再び自己と世界との関係を構築してきた。これからも構築していくことが期待されるであろう。

しかし、そのような変化を超える変化がある。例えば自然の災害とされる中でも「人災」によるような変化であり、あるいは自然の変化への人為的な干渉によって生ずる環境問題による変化である。

そのような自然の変化を超えた変化は個人の自己を不安にさせ、世界との関係を見失わせるであろう。そのような変化が不変のものではないのはもちろんである。そのような変化において注目されるべきことは、そのような変化をもたらすものが一元的な方向付けとしてわれわれを支配していることである。このような方向付けは、まさに「空」であるとして否定されるべきものであろう。それ故にこそ、われわれにとって自己と世界との関係を構築することが求められるのであろう。ここで世界とされるものは、いわゆる自然ばかりではない。それは、文化を含むものとしての社会をも含んでおり、したがって自然・社会の総体であろう。もし社会の変化が変化一般の中に組み込まれて一定の仕方での自然の変化と同様のものと見做されるならば、空の立場はここでの例としては「人災」や環境問題の美化として働くことになる。このことは、個々の個人の生命におけるミクロのレヴェルから地球全体の問題、例えば戦争と平和とにおけるマクロのレヴェルに及んでいる。

そのことはとりわけ「空即是色」において「色」が肯定されるときに問題になろう。つまりそのとき実践の原理として空の立場の正当性が問われよう。そこに批判的な意識の果たすべき課題があろう。すなわち、ここで肯定された「色」とは批判的な意識を持った人間の実践によって吟味されたものである。空の立場がこの吟味を受け容れない場合、空の立場はわれわれの実践の原理としての正当性を得ることはできないであろう。

ただし、ここでの吟味はあくまで人間の尺度で捉えられたものにすぎない。その限りでそこには人間中心主義の制約があるかもしれない。実践の原理は、この制約をも捉えた上での吟味において働かなければならない。そして「色即是空」における実践のプロセスは人間中心主義への批判でもなければならない。その批判は「いま」の世界においてＩＴ化によって推し進められる変化、つまり一元的な方向付けに基づく変化に向けられるであろう。

人間中心主義をどう超えるか

ここには一つの問題が生じている。すなわち、人間の尺度を越えたものについて人間の批判的な意識によってどこまで批判しうるのかという問題である。この問題は人間が有限である限り、残り続けるであろう。そこには空の立場から学びうることがあろう。空の立場において期待されることは、人間の尺度を超えた個別的な存在者同士の関係を捉えることによって人間中心主義を超えるということである。ここで興味深いのは、人間の次元でのことであるとは言え、ＩＴ化によるインターネットのシステムの在り方が個人同士の新しい関係を作り出しているということである。すなわち、いわゆるネット社会は人間の高度な活動の所産であり、そこに生きている者もまぎれもなく人間である。この人間相互の関係がシステムを作っているわけだが、それは分散型であって、はじめから「中央」がないとされる。つまりこのシステムは「脱中心」のシステムとされているのである。[註27]このような関係によってつねに個人の存在は相互に前提し合い、相対化される。つまり、そこには変わらない実体とされるようなものは存在しないのである。いまの世界のめまぐるしい変化は、ＩＴ化による個人相互のコミュニケーションの変化として捉えられるわけである。

ここに見られる「脱中心」主義は、空の立場に近いものを感じさせもする。ただし、この間のインターネットの発展において所期の見通しとは異なると思われる事態が生じているようである。すなわち、そこでは個人の態度の採り方として特定のシステム管理者のもとでの情報の「一極集中」があるという。[註28]これは現段階ではこのシステムが事実上の「中心」を持つことを意味するであろう。そうであるとするならば、個人はこのシステムに意識することがないまま、「一極集中」に組み込まれることになるであろう。しかしそれにもかかわらず、個人がそのようなシステムのもとで情報を摂取せざるを得ないのであるならば、個人に求められるのは批判的な態度を採ることであろう。

そして人間の次元においてもそのような問題があるならば、この次元を超えた次元における問題の解決はさらに難しいことになろう。もともと「脱中心」のシステムが実現したとしても、それはあくまで人間の次元においての話であろう。すなわち、それが対応しているのは人間に対してのみであり、したがって存在者一般のうちの一部でしかないわけである。このことを度外視するならば、そこにはまた人間中心主義が生じることになろう。このような批判的態度を採るためには、個人は空の立場から学ぶところが多いであろう。

その際忘れてはならないのは、そのように空の立場から学びながらも、なお一般人の立場が存続するということである。すなわち、空の立場が提示され、そのうちに一般人が位置付けられたとしても、空の立場を受け容れるのかどうかは一般人の態度に懸かっているのである。それ故、空の立場が実現するのかどうかはあくまで一般人が実践的に解決していく他はない。そこで空の立場から学ぶことがどのように行われうるのかが問われよう。

この空の立場から学ぶことは、まず自然の変化についてである。自然が変化するということはあらゆる個別的な存在者が不変ではありえないことを示している。一般人である個人としても、必ずしも原理的に空の立場に立つのではないとしても、「色」が「空」であるという空の立場の主張をそれぞれの仕方でそれなりに受け容れることができよう。つまり、個別的な存在者である自己が不変なものではありえず、その点で他の個別的な存在者と同じように変化せざるを得ないこと、そして無数の他の個別的な存在者との関係のうちにあることを受け容れるということである。このことを受け容れるのかどうかが問われるのは、おそらく個別的な存在者一般のうちの人間のみであろう。空の立場に立たない個人はどこまでも自己にこだわり、なかなかこの自己が変化することを受け容れない。確かに人間一般にとって一定の仕方での自然の変化をなかなか受け容れることが難しく、人間中心主義の立場から自己が人間以外の他の個別的な存在者とは異なる特別の個別的な存在者であるかのように振舞うであろう。その結果、人間は例えば環境問題に見られる様々な問題を惹き起こしてきたわけである。もし個人がこのような問題を惹き起こしている人間の一人として自己と世界との関係について思いを致し、世界との関係において安定した形で自己として存在し続けようとするならば、個人は一定の仕方での自然の変化を受け容れる他はない。その限りで個人はそのようにしないこともできるけれども、やはりこの仕方での自然の変化を受け容れることでつくりだされる自己と世界との関係を構築するという実践の主体としてのみ、存在すること、つまり生きることができるのである。

一回的な出会い

ここで留意されるべきことがある。すなわち、実践の主体である個人は世界と出会うのだが、その出会いにおける自己と世界との関係が一回的なものであるということである。このように自己と世界との関係の在り方が一回的な出会いであることは、この世界の不変性が否定されているところから導かれよう。すなわち、不変でないもの同士が出会うとき、つまり関係するとき、当然のこととしてその出会いは一回的なものにならざるを得ない。これは人間と人間との出会いに限らない。また人間と人間を取り巻く世界との出会いに限らない。人間を含めたあらゆる個別的な存在者が変化のうちにあるのだから、個別的な存在者同士の出会いにおけるそれらの関係の在り方はまさに一回的なものなのである。

個人にとって他者とのこの一回的な出会いは不変の世界の否定において感じ取られるであろう。(註29) この個人は一回的な出会いという仕方で世界と出会っていることを感じ取ることで、世界の不変性の否定を捉えるであろう。このとき個人はおそらくこの不変性の否定によって自己と世界との関係について錯覚を免れるのであろう。個人はそのようにして自己と世界との関係を一回的な仕方で予感し、その上でこの仕方でこの関係を構築することができるようになるであろう。かくて、この予感に基づく限り、個別的な存在者一般がまさに個別的な存在者同士として一回的な仕方で出会うのである。

そのとき、あくまで人間の視点からではあるが、個別的な存在者はそのようなものとしてそれぞれが存在していることを相互に承認しあう。その一回的な出会いにおいて個人は自己の役割をそれぞれの仕方で果たすであろう。その場合、主導的な責任を担うのは個別的な存在者のうちの人間である。例えば自然との出会いにおいて自己と世界との関係がどのような仕方で構築されるのかについて主導的な責任を担うのは他ならぬ人間である。人間は、個別的な存在者同士が相互に出会い、その存在を承認しあうように自己と世界との関係を構築する責任を持つわけである。(註30)

個人は、自己と世界との関係を構築することにおいて自己の人生の在り方を示す。彼(彼女)はその在り方において生き、そして死ぬのである。つまり、その人生の目的はその個人なりの仕方でこの関係を構築することのうちに見出されるであろう。このことを「色即是空　空即是色」に即して言えば次のようになろう。

まず、個人が自己を世界の変化のうちで一定の仕方での自然の変化を超えることのない一つの要素である個別的な存在者として捉えるならば、その個人は「色即是空」の実践のプロセスをたどることができるであろう。すなわち、個人は自己を一定の仕方での自然の変化の一つの要素として捉えたとき、「空」に達することができるのであろう。この仕方での自然の変化は、その個人の生命のリズムにおいて感じ取られるであろう。すなわち、その個人はこの仕方での自然の変化のうちの生命一般の変化に連なりつつ、個別的な存在者としての自己の存在を自己の生命のリズム(「いのち」についての新井の議論参照)のうちに見出すのである。

次いで、個人は一定の仕方での自然の変化のもとでの他の個別的な存在者同士との出会いにおいて自己を受け止め、そのような出会いを可能にする実践を続けることによって、その個人なりの仕方で自己と世界との関係を構築するであろう。そのとき、個人は到達した「空」を実在化する。その個人にとってこの実在化において「空即是色」の実践のプロセスが生ずるであろう。そのプロセスにおいて自己の個別的な存在者としての一回的な生命を十分に生きたとき、その個人の生命の一回性は死においてて閉じられるであろう。そのようにして、個人の人生は完結するのであろう。

その場合、どのように実践のプロセスが生じるのかという点をめぐって注意されるべきことがある。すなわち、個人はその実践のプロセスにおいてその都度態度決定に迫られるということである。というのは、一定の仕方での自然の変化を超えた世界の変化には人間の活動が関わっているわけだが、そのとき個人は態度決定に迫られるからである。すなわち、一方で一元的な方向付けのもとで時代の趨勢を無批判に受け容れたままでこの世界と向き合い、そのような仕方で自己と世界との関係を構築するのか、それとも他方で人間の活動について批判的な意識を持ち、この関係を吟味しながら多元的に構築していくのかという点をめぐっての態度決定である。ここに一定の仕方での自然の変化のもとで生ずる実践のプロセスとは異なる実践のプロセスが生ずるであろう。

空の立場に立つ場合は、すでにその個人の態度決定の仕方は明らかであろう。つまり、一定の仕方での自然の変化に適うように自己と世界との関係を構築することに、その個人の態度決定が行われるはずである。しかし、仮に空の立場に立たないとしても、空の立場に学んで個別的な存在者がそのような個別的な存在者であることを十分に発揮させること、つまり一元的な方向付けではなくて、個別的な存在者同士の相互承認を実現させること、このことを自己の人生の立場として貫くのかどうかが問われる。そのような多元的な在り方を可能にする方向付けが「これから」の実践において求められよう。

集団としての実践

ここで残された一つの問題がある。すなわち、ここでの実践が個人を超えた集団によって担われるのではないかという問題である。この実践は確かに個人によって担われた実践であるが、しかしそれだけに止まるものではない。個人は自己と世界との関係を構築しつつ、他の個人と相互に承認しあう。ここに相互承認しあう人間同士の集団のレヴェルにおける実践が求められ、その在り方が問われよう。というのも否定の後、肯定される「色」がどのように構成されるのかは、個人的実践によるとともに集団的実践によるからである。(註31) ここに世界を構成する要素として一定の仕方での自然の変化の在り方が主導的となる社会(文化を含む)の変化の在り方を求める実践のプロセスが生ずるであろう。「いま」われわれをとりまく世界のめまぐるしい変化という状況にあって一般人としての一人ひとりの個人がここで求められるべき変化を担う態度を採るならば、そこに自己と世界との関係をめぐるその個人の根源的な問いへの答えが示されよう。すなわち、その個人は個別的な存在者同士の一回的な出会いにおける相互承認についてこの空の立場による他の個人的実践および集団的実践から学びつつ、当の相互承認を実現する方向に向かい、しかし同時に批判的な意識を失うこともなく自己にとって可能な仕方で集団的実践の一部を構成することによって自己と世界との関係を構築するであろう。そしてこのことを実践することがその個人の人生をなすであろう。もちろん、それぞれの人生においては個人という次元では解決できないような悩みや苦しみという困難（水上が抱えたような困難）があるかもしれない。その場合、一人ひとりの個人が現実の困難をそのまま「空」であるとすることは容易にはできない。われわれ一般人には一人ひとりの「人間」としてこの困難を受け止め、これを抱え続けつつ、個人的および集団的に「空」の立場から学びつつその解決をめざす実践のプロセスをたどることが「これから」の方向付けとして求められるのである。

希望を託す真言

最後に問われるのは、「掲帝、掲帝……」という真言がこの実践にどのように関わるのかということである。われわれ一般人にとっても専門家によるサンスクリット原典からの現代語訳やそれへの解説によってこの真言の文字通りの意味は分かっていることとしよう。つまりそれは、もはや玄奘によって漢訳された時代におけるような、あるいは日本仏教の草創期におけるような意味不明である故にかえってありがたいものとしてただ唱えるべき呪文ではない。確かにありがたい呪文として唱えることで自己の新しい一つの在り方を獲得することもできるのかもしれない。しかし、われわれ一般人はその意味を分かった上で振舞うという生き方をせざるを得ない。「いま」実践の原理を求めるわれわれ一般人の思いは、そのように切実なのである。それは、いかに迷いであると言われようとも、そのように迷うことそのものが一般人の在り方であり、何かを分かるとしても迷うことを通じてしか分からないという在り方をしている。それは、そのようなものであるからこそ一般人の思いなのである。もし真言がそのようなわれわれの思いに応えないものであるならば、われわれにもこれにこだわる根拠がないであろう。そもそも真言とはわれわれ一般人にとっても到達することができるかもしれない「空」の立場の実践へとわれわれを導くはずのものである。われわれは、そのような一般人の立場から真言を位置付けよう。

個人および集団は「空」の立場に立つならば、この真言を自己の到達点として唱えることができるのであろう。ただし本書では、真言を唱えること自体が実践そのものであるという立場を採らない。というのは、一般人としてはそのように捉えることができることはすでに空の立場に立っているということを意味するのであるが、しかし、空の立場に立つこと自体が吟味されなければならないからである。その際、そのように真言を唱えられるのかどうかは、個人が到達した「空」をどのように実在化するのか、つまり「空即是色」をどのように実践するのかにも懸かっている。この実践は、一人ひとりの個人にとって自己と世界との関係をめぐって一元的な方向付けに基づく時代の趨勢に見られる現実を超える実践である。それは、現実の美化ではあってはならず、そしてそれは個別的な存在者のそれぞれの存在の充実を可能にする多元的な方向付けの実践でなければならない。このことが「むかし」の「空」の立場によって主張される限りで、われわれ一般人は空の立場に「これから」への希望を託すことができよう。そして空の立場を実在化させる真言とは、われわれ一般人にとってわれわれをこのような実践へと導く思いであり、その実践による「これから」への願いであろう。そしてそれはそのような実践の只中で唱えられる祈りであろう。それは、「いま」空の立場の実在化が確証されるならば、このことを称えるために唱えられるものであろう。

付論一　実践の原理に関する空の立場

――西谷啓治の「空の哲学」を手がかりに――(註1)

一　問題の所在

現代の世界において、科学から生ずる技術的発展の結果としての地球的規模の生態系の危機や核兵器体系による脅威のような様々な問題に直面して、近代科学はその本質をめぐって問われている。この状況は、次のような実践の原理への問いを切実なものとして生じさせている。すなわち、人間がこの発展に基づいて生き続けて行かざるを得ないとするならば、ではどのように振る舞うべきなのかという実践の原理への問いである。この問題設定との関連においてここで一つの哲学を取り上げたい。それは、近代の科学および技術がそこから発展してきたヨーロッパ的思考とは全く別の源泉から生じたものではあるが、しかし、まさに同一の状況に対決している哲学である。その哲学とは、いわゆる京都学派において形成され西谷啓治などによって代表される「空の哲学」である。それは、なるほど仏教的な伝統の上に立ち、これに深く根ざしたものであるけれども、しかし、それが現代的な諸問題に取り組む限りにおいて、現代の哲学と見做されなければならないであろう。とりわけ注目されるべきことは、それが実践を志向しており、したがって単なる理論的な見解であることを超えて、われわれの現実存在の諸問題を解決しようとしているということである。

空の哲学は、その基盤において近代科学が人間の危機の原因となったという「人間中心主義」を離脱する一つの試みとして提示されている。西谷が彼の主著『宗教とは何か』(ドイツ語版 „Was ist Religion?"[註2])において企てているこの試みは、近代科学の状況への彼の評価に基づいている。西谷は、この状況をまさにこの科学によるキリスト教の解体の結果として捉える。西谷のキリスト教理解については、われわれはハンス・ヴァルデンフェルスによる論評を参照することができる。というのは、ヴァルデンフェルスは、その著 „Absolutes Nichts" (Waldenfels 1976) において西谷の立場一般を、そしてとりわけこの問題を詳細に取り扱っているからである。それ故、西谷へのその論評をここでも必要に応じて取り上げることにしよう。

われわれの問いは、次のことに向けられている。すなわち、西谷が「行」のもとに導入しているものが実践の普遍的原理としてわれわれを導くことができるのかどうか、ということである。われわれの問題設定の意味において以下の四つの点が解明されるべきである。すなわち、第一に現代の状況に対する評価(二)、第二に空の立場(三)、その中で空の立場一般(三・1)および特に空の立場のいくつかの問題(三・2)、すなわちまず空の次元における人間の位置(三・2・①)、次に言語的分節という点から見た悟りの伝達可能性(三・2・②)、さらに空と「業」という二つの次元の関係(三・2・③)、第三に実践の本来の領域としての「業」から空への「轉換」(四)、第四に実践の一つの可能な原理としての空の立場(五)という点である。

二　現代の状況に対する評価

西谷によれば、人間は「人間性の喪失」(『宗教とは何か』101/„Was ist Religion?"160)あるいは「人間性が非人間化され、機械化されつつある」(101/161)という危機のうちにある。この危機は、近代科学によって生み出され、核兵器の問題において集約的に現れている(98/157)。自然の世界は、機械的必然性の法則によって支配され、何ら内的な連関なしに人間にとって無関係に対置されているような、ますます冷たく死んだ世界という性格を持つようになっている。人間は、この世界の中で「人間」としては生きることができず、したがって「単に人格的である」だけではなく、同時に「あくまで物質的であり、また生物的であって、非情な自然法則に支配されて」(57/104)生きなければならないのであって、この世界を拒否することもできないけれども、しかしまた受容することもできない。人間は、そのような「パラドクシカルな関係」(54/102)の中で生きなければならないのである。西谷は、人間のこの状態を、世界を「目的論的」に捉えたキリスト教的世界像の解体の結果と見做している。

この世界像が維持されていた当時は、人間は自己を世界の中心として理解することができた。人間の現実存在の意味と目的とは、世界の意味と目的との基準であった。この世界像においては、一方では神――人間関係が中軸であり、他方では世界は周辺に位置していた。この関係は、或る「人格的なもの」と見做された。しかし、世界が非情な世界になると、世界は周辺に位置するのを止めて、人間に対して先のパラドクシカルな関係で向き合っている（57/103f.）ような非「人格的なもの」として現われる。近代科学がその中で二つの事柄、すなわち、一方の科学的合理性を求める抽象的な知性と、他方の自然よりも「純粋」である「非自然化された」自然とを合致させる領域は、機械が生まれたことに伴って或る領域へと逆転した。すなわち、そこで「自然法則を支配するその人間を再び逆に自然法則が支配する」（98/154）領域へと逆転したのである。西谷は、人間のこの機械化のうちにさらに一つの層、すなわち「虚無」を見ている。この「虚無」においては、「昔から言はれて来たやうな、自然の秩序とか法とかに従って生きるといふ人間のあり方」（97/155）に代わって、或るあり方――「虚無の自由に立ちつつ全く外から自然の法則を使ふかのような人間のあり方」（同/ebd.）――が現われるという。西谷によれば、ここにニヒリズムがそれ自身を意識するか否かに応じたあらゆるニュアンスにおいて生ずる。[註3]

その場合、問題となっているのはそれと西谷が対決している人間のあり方以外のものではない。「生の合理化の進歩と平行して、その背後に全く非『理性的』、非『精神的』な、反省以前的な人間のあり方への肯定、即ち虚無に立ちつつ無制限に欲求を追及する主體の立場が深まりつつある」(98/156)。この「欲求」は、このように合理化の背後に存続しており、人間がそれでもって自己存在を外と内のメカニズムへ解消されることから免れ得しめたものである(99/158参照)。しかし、それは西谷にとって「人間性喪失」(100/160)に導くものであるという。そこで西谷がどのような解決策を提示するのか、が問われなければならない。

人格的神―人間―世界関係の解体というこの状況において伝統的な宗教の存続への困難な問いが立てられる。西谷は、この問いへの答えをほとんどの場合そのように期待されるであろうことのうちにではなくて、それとは異なったことのうちにこの答えを探そうとする。すなわち、通常のように非人間化された状況に対して主体性を対置することのうちにではなくて、超人格性の場を切り開くこと(101/161)のうちにである。彼は、この場を空という仏教的な思想に基づいて解明しようと試みる。しかし、直ちに次の問いが生ずるであろう。すなわち、空の哲学者がその源泉から見れば彼の哲学的着手点とは何の共通性もないように見える現在の状況と対決するという考えにどのようにして到達したのか、という問いである。彼の哲学的立場を現在の状況に関係づけること、そしてこの関係を説明することを彼に可能させた何かがあるに違いない。

西谷が現在の状況のうちに「業」概念に類似する趨勢を見出そうとするとき、この手続きは明白になる。その場合、「業」は「鳥が巣によってそうするのと同じように人間が自分自身を結びつけるような行為の法則――各々の所為は、それに先行するものの不可避的な結果である――」(-/435)として理解されるものである。西谷は、次のように確言する。「科学における自然研究のうちに、テクノロジーにおける技術革新のうちに、社会進歩の追求のうちに、更には性やスポーツや享楽のうちにすら、果てしなき方向を含んだ衝動性が現れてゐる」(258/356)。このことの意味するのは、結局のところ次のこと以外のことではない。すなわち、人間がただ「欲求」によってのみ導かれて振る舞うということである。西谷が西洋に見出すものは、この「無限衝動」(同/ebd.)である。それは、神的な世界秩序の目的論的体系が崩壊した後には、単なる自己目的としては本来目的なしになるという。自己目的の無目的性に「時」の概念の解体が対応する。「神の意志による始めと終りをもたなくなった『時』が、世俗化における『世界』の『時』である。その時のうちで、生のそれぞれの機能は、自己目的即ち無目的なるものとして、果てしなくそれ自身を追求する。そこに無限衝動、乃至は『自己―意志』ともいふべきものが見られるのである」(259/357)。しかしながら、この「衝動」はそのようなものとして自らに気づくことはないという。

西谷は言う。東洋においては、これとは反対にこの「自覺」が「業」という観念に既に含まれている、と。「『業』は初めから無始無終の『時』と無限衝動の性格を含んで考へられてゐる」(260/358)。西谷は、ここに仏教的立場からの現在の状況への説明の可能性を見ており、そしてこの状況を一種の「業」として説明する。空の立場からのみ、われわれの今日の状況に「業」の理念を関係づけるという西谷の手続きは正当化されるであろう。それ故、空の理念でもって何が考えられているのか、という点について解明されなければならない。

三　空の立場

1　空の立場一般

われわれの現在を哲学的に探究するために、西谷は空の場を提示する。一種の「業」としての現在の状況を超え出ていくはずのこの場は、次のような場として描写される。すなわち、そこでは「すべてのものがそれぞれ絶對的な中心として、即ち絶對的に獨自な個別性をもつものとして、自體的に現成する場である。」(184/259) かくて、問題になっているのは、各々の個別的なものの個別性という性格である。しかし、そこで問われるのは、これらの個別的なものが相互にどのように関係するのか、ということである。西谷は、空の次元におけるすべてのものの関係を「回互的關係」と呼ぶ。そこでは、「それぞれが絶對的に獨自なものとしてリアリティでありながら、然もそれらが一つに集るということも可能である。」(167/238) すべてのもののこの関係は、相互的な主—従関係という表象を用いて説明されている。或るものの絶対的な独自性は、「それが他の一切のものの絶對的な中心に位する」(166/237) ということで表示される。すなわち、或るものは「主の地位」に位し、この主との関係において「他の一切が従の地位に位する」(同/ebd.) という。かくて、空の場においては「すべてのものが互ひに主となり従となりつつ有る」(167/239)ことになる。あらゆるところに中心があるのであり、したがってどこにも中心がないのである！各々のものは、一方ではそれだけで独自にあるけれども、他方ではまた他のすべてのものと結びついてもいる。したがって、すべてのものは相互に前提しあっている。西谷は、総括的に言う。「その體系に於ては、それぞれのものはそれ自身ではなくしてそれ自身であり、それ自身でありつつそれ自身ではない。」(167-168/ebd.)

この事情は、いわゆる「即非の論理」のもとに理解されているところのもの以外のものではない。(「AはAではない。それ故、AはAに等しい。Aは、それが非—Aであるが故に、Aである。[……]即はここでは二つの実在の本質的な分離不可能性を意味している。非は、否定性を表現している」(註4)-/433。211/295, 283/386をも見よ。)その際、見落とされてはならないことは、或る事柄のこの論理的な表現が宗教的—実践的関心事に、すなわち解脱の欲求に依拠しているということである。西谷にとって、空の場において現存在の「向自性」あるいは「自己中心性」(主)とその「向他性」あるいは「他者中心性」(従)との間にはいかなる区別もない。すなわち、ここにはただ「自他不二」が現前するにすぎないという。これによって同時に二つのことが意味されている。すなわち、一方では「他者中心性」という視点のもとで、「すべての他者が濟はれることのうちにのみ、自己の濟ひもある」(289/393)ということ、つまり他者によって自己の解脱が可能になるはずであるということであり、他方では「自己中心性」の視点のもとで、「自己が眞に自己自身になるといふことは、總じて他者が眞にそれ自身のもとへ還るための道が、現存在そのものとして示現されるといふことである」

(同/ebd.)、つまり自己によってすべての他者の解脱が可能になるはずであるということである。これによって、自己の固有の解脱がすべての他者のそれを前提しており、また逆でもあるという限りにおいて、すべてのものの同時的な解脱が表明されていると言えよう。

2　空の立場の諸問題

先に素描した空の概念が実践の原理に関していかなる意味を持つのかというわれわれの問いに答えるために、さらに次の三点が説明されなければならない。すなわち、第一に空の場における人間の位置（三・2・①）、第二にとりわけ言語的分節による悟りの伝達可能性（三・2・②）、そして第三に二つの次元の連関、つまり空と「業」との連関（三・2・③）という点である。

①空の場における人間の位置

西谷によれば空の場においてはどこにでも中心があり、それ故絶対的中心はないのだから、すべてのものは等価値であるに違いない。各々のものは、その絶対的唯一性において代替不能である。このことは、奇異に聞こえるかもしれない。何故ならば、「すべてのもの」について語る際にはもちろん人間も含まれているのであり、通常人間のみが代替不能であると見做されているからである。そこで問われなければならないことは、人間が「宇宙論的」[註5]と表示される次元においてどのような位置を占めるのか、ということである。というのは、人間にとっていかなる特殊な位置も帰せられていないように見えるからである。

この点をめぐって、ハンス・ヴァルデンフェルスの解釈が示唆的である。彼は、人間を無の経験の場所として、したがって同時に神の経験の場所として表示する。(„Absolutes Nichts"158) そして人間の位置への問いを人間の自己意識に関連させて取り扱って、次のような見解に到達する。すなわち、仏教の非人間中心的本性の強調にもかかわらず、輪廻(「生と死との終わりなき反復」『宗教とは何か』-/436) がすべてのものの無常性の「事実」として人間の自己意識に基づいてはじめて問題になるという意味で、人間は優先的な場所なのだ(„Absolutes Nichts"144) という見解である。

ヴァルデンフェルスの西谷についての解釈は、次の限りにおいて正当である。すなわち、自覚に際して常に人間の精神的態度が問題になっているという限りにおいてである。西谷は、次のように確言する。「それ[我々の自己]は空と一つなる有、然も空が自己であるといふ仕方で自覺的に空と一つなる有であり、世界とあらゆる『もの』とに先立つ」(『宗教とは何か』186/261)。西谷にとっては一方ではなお主体と客体との対置という場に存続する自覚は自己意識からなるほど区別されているけれども(22/59f. 参照)、しかし他方で、「我々が『ある』こと又『なす』ことの根柢に、或は我々の現存在のもとに無限な衝動が自覺され」る(266/365)と言われるとき、「自覺」という表現において自己意識が問題となっていると言えよう(日本語原文では「自己意識」は登場しないが、ドイツ語訳では登場する。〈ドイツ語訳の直訳〉「われわれの自己意識にとって無限な衝動が顕われる」)。つまり、

「業」の発現が問題になるとき、自己意識が働くのである。すべてのもののもとではただ人間のみが自己意識を持つのであり、自己意識に基づいて輪廻が「業」の結果として問題となるのである。かくて自己意識は、いわば自覚への前段階でありうるのである。自己意識に基づいてはじめて「その衝動の源」（同/366）としての「自己中心性」に疑問が呈される。このことによって自己意識と自覚との両者は、人間の精神的態度の二つの層として捉えられるべきである。

ここではいずれにせよ、他のものから区別されるところの人間の特殊な位置付けが問題になっている。この人間の特殊な位置付けにおいて、空の場における「回互」の特殊人間的な仕方として、奇妙に聞こえるであろう普遍的な「感應（Sympathie）」が成り立つ。この「感應」は他の人間にだけではなくて、他のすべてのもの（16/52f. 参照）に向けられるのである。この「感應」において問題になっているのは、「本来の面目」（219/307）である。この事情は、次のことを意味するであろう。すなわち、普遍的な「感應」に基づいての「自己中心性」の廃棄は、同時にすべてのものの自己の一部をなす人間的自己の現実化なのである。この自己がすべてのものの絶対的な唯一性を意味するのだから、絶対的に唯一的なものは相互に「自己中心性」の廃棄を通じて出会うことになる。西谷にとっては、人間のみが代替不能であるという通常の表象とは異なってあらゆるものは代替不能なのである。「世界に全く同じなものが二つ有ることは出来ない。」（166/237）(註6)

人間的な精神の機能を通じて覚醒されるものは、ここで絶対的に唯一的なものの出会いのもとに想定されているところのもの以外のものではない。禅仏教の伝統においてはこの覚醒は悟りと呼ばれている。「自己中心性」の廃棄を可能にしたものは、まさに各々の個々の人間の覚醒である。各々の個物とのその出会いは一回的である。何故ならば、この出会いはその度に各瞬間においてこの人間によって始められるのだからである。この単一性から次の問いが生ずる。すなわち、この一回性を他の人間に伝えることがそもそもできるのかどうかという問いである。というのは、ここで取り扱われた「現實在とその有限性」を西谷が次のものとして強調するからである。すなわち、「理性の次元をも超えた場から現成する」(193/270) ものとしてである。そこで、悟りの伝達可能性への問いが立てられなければならない。

②言語的分節による悟りの伝達可能性

禅仏教において解決することのできない次のアポリアがあるように見える。すなわち、悟った者が悟り一般の言語的分節を拒否するにもかかわらず、彼がこれについて話すという限りにおいて生ずるアポリアである。このことは、西谷の場合にも当てはまる。彼は空の場におけるわれわれの自己について「完全に説明不可能」(この表現は日本語原文にはない。-/261) と見做しているのだが、にもかかわらずこの自己について話すのである。禅の教説によれば、悟りは学ぶことができず、突然に来るのであり、それ故いかなる言語的分節からも逃れているのである。これに反対して、ヴァルデンフェルスは異議を差し挟んでいる。彼によれば、空の哲学は話すということについてのその固有の評価について問わなければならない。何故ならば、まさにこの哲学は話し、そして分節しているのだからである（„Absolutes Nichts“179参照）、という。その場合このカトリック哲学者は、話すということについて空の哲学とは異なる位置付けから出発している。彼は、その立場から悟りの伝達を「超合理的コミュニケーション」として捉える。彼は、「超合理的コミュニケーションの領域」への通路において「輪廻の世界における言語の意味」を見出しているのである。この意味は、空の哲学において考慮されないままに止まっているものである。すなわち、「表明された救いの必要と表明された救いの慰めとの道」（„Absolutes Nichts“169）としての言語である。このように捉えることによって、彼は彼の示唆を次のような提案として提示している。すなわち、言語がどのように悟りに関して禅仏教一般（„Absolutes Nichts“34参照）においても空の哲学においても捉えられていないという或る肯定的な役割を果たしうるか、についての提案としてである。

しかしながら、見落とされてはならないことは、空の哲学においてはヴァルデンフェルスによってほとんど注目されていないような話すということの別の或る形態があるということである。すなわち、芸術の領域における言語的分節である。それは、この哲学において或る鍵となる位置を占めているものである。西谷は、詩的な真理について語っている。それは、「一葉落ちて天下の秋を知る」という諺（『宗教とは何か』146/214）において示されるものである。そのような仕方で話すことにおいて、悟りは分節されうる。この話すことの場は、輪廻の世界における言語を超えていく。詩の言語において、「いはば世界のあらゆる『もの』と自己自身とが一緒に、その現成の本来相において『審美的』にリアライズされる」（272/372）という。西谷は、この思想をその師西田幾太郎から受け継いでいる。

西田は、その日記の中で「禪は音樂なり、禪は美術なり」[註7]と書いているところに見られるように、美的超越に宗教的超越を等置している。西田は、ものの成立を無からの出現と見做し、この成立を同時に美的な出来事として、そして内在的な神の働きとして解釈している（宮川「文化と価値」147参照）。この詩的言語の典型的な日本的表現形式は、俳句である。俳句は、韻を踏まない詩であるが、しかし、一つのリズムによって、つまり五―七―五の音の系列によって示される。俳句の言語は、象徴的である。伝達の仕方は、反省的ではなくて、連想的である（瀧崎『情感の次元と創造主体』89参照）。この詩の形式の単純さは、芸術の様々な領域に対応物を見出す。例えば、水墨画や、石庭芸術のうちにである。抽象のこの形式のうちに、多彩な現象の根底にある自己の統一性が指示されるべきである（Izutsu,„Philosophie des Zen-Buddhismus"138参照）。禅仏教においては、この美的表現と悟りの経験との或る構造的同等性が出発点になっていると考えられる。

③空と「業」との連関

西谷によれば、空の場は輪廻のこの世界以外のどこかにあるわけではない。それはなるほど一方では「業」からの絶対的な超越の場を意味するけれども、他方ではまさに絶対的な内在も主張されるのである。「眞空の場は『時』のうちにおける、或はむしろ『時』としての、かの『ある』―『なす』―『なる』の力動的聯關と一つにのみ現成する」（『宗教とは何か』293/397）。この連関は、人間の日常生活における「身口意の業」（265/365）の働きの連関に他ならないのだから、日常生活のうちに既に空の立場に達しているに違いない（生死即涅槃 200-/278ff.［ドイツ語版では輪廻即涅槃となっている］参照。涅槃とは「字義通りに言えば、［炎を］吹き消すこと、ただすべての考えられる空間的時間的存在的制限を究極的に消失させること［である。］仏教は、そこに最終目標、解放を見る」-/436)。二つの立場には区別がないように見える。しかし、ヴァルデンフェルスにとっては、この主張から、いかにあるかということといかにあるべきでいかにありうるのかということとの間の相違への問いが生ずる(„Absolutes Nichts“154,132 参照)。このことは、とりわけ今日の状況において当たっている。そこではすべてのものは、それらがあるように、山や川のような自然においてのみではなく、むしろまた環境汚染や核兵器のような社会的現象においても現前しているのである。

両次元の区別に関して、ヴァルデンフェルスの指摘は正しいと言えよう。しかし、それを超えて問われるべきことは、両者の区別を失うことなく、どのように両次元が統合されるのか、ということである。

同じ文脈において、道元の次の言葉が注目されるべきである。「もし菩提心おゝこしてのち［文庫版――もし菩提心をおこしてのち］、六趣四生に輪転すといへども、その輪転の因縁、みな菩提の行願となるなり。［現代語訳――もし悟りを求めんとする心を起したならば、たとえその後、六つの世界や四つの生れ方の中を輪廻するとしても、その輪廻の因縁は、皆悟りのための修行となるのである。］」（道元『正法眼蔵』[註8]）

両次元の区別は、悟りへの人間の心構えを通じて両次元の統一へと導かれるのである。すなわち、悟りへの人間の心構えにおいて実践の領域が見えるようになるわけである。以下、この点がより詳しく論究されるべきである。

四　実践の本来の領域としての「業」から空への「轉換」

そもそも果たして空の哲学において実践の原理が基礎づけられうるのかどうかという問いが生ずるのは、次の理由による。すなわち、この哲学の「審美的」な態度においては、世界がその正当化のためにただそれの現在の状態以外の何物も必要としないという意味において、世界がそれだけでそれがあるように承認されるように見えるという理由である。しかし、現在の状態における世界は「人間性喪失」・「非人間化」・「機械化」のような表示によって批判されている。そのような批判は、「無限衝動」によって駆り立てられているような誤った実践へと向けられている。西谷は、実践のこのような理解には反対する。問題になっているのは、禅仏教の意味における実践すなわち「行」である。空の場においてはあらゆる『爲す』は必然的に『行』といふ性格をとつてくる」（『宗教とは何か』287/391）という。西谷の実践概念は、この禅仏教的な概念に対応する。

西谷によれば、「行」は「業」から空への「轉換」を要請する。「業の立場から空の立場への轉換、或は自己中心的な『意志』の立場から無我的な『三昧』の立場への轉換において、我々のなすはたらきはすべて眞に負ひ目の償却となり、且つ眞に負ひ目の負荷となる。即ち『爲す』は眞實に『爲す』として現成する。」(280-1/383) この「轉換」において、われわれは「負ひ目」として表示された状況と批判的に対決する。人間は、「轉換」をなすのか、それともそれを拒否するのかを決断しなければならない。いずれにせよ、人間は「自と他との差別と相對の場」(290/394) の前に立ち、決断を下さなければならない。ただ人間がこの「轉換」を成し遂げたときにのみ、「『あるやうに』と『あるべきやうに』とは一つ」(286/390) なのである。

その際問われることは、いかなる事情のもとで「轉換」そのものが現在化されたと見做されうるのか、あるいはどのような場合に「業」の領域から現実的に離脱したと言いうるのか、ということである。というのは、批判的実践はただ個別的人間の内的確信からのみ生じているように見えるからであり、したがって或る世界連関をなす「業」という根源に到達しえないように見えるからである。西谷は、なるほど「自己中心性」を「無限の衝動の源泉」(前述を見よ) と見做してはいるけれども、しかし、どのようにしてこの否定されるべき「自己中心性」が生じてくるのかという点を詳細には明らかにしていない。むしろ彼は、「自己中心性」あるいは「業」からの超越について語るのである。その際、次のことが前提されているであろう。すなわち、人間の精神的状態は世界一般の存在様態に対応しているということである。[註9]

西谷は言う。「昔から、人間が自分の心を集中し、それによって普段の意識的・自意識的な心の場を一歩出たやうな、その意味で『自我』を忘れたともいへる心的状態に入る時、それを『定』と呼んでゐる。一應それは心的狀態のことであるが、その言葉が、『もの』がそれ自身の位置に定まつてゐるその自體的な有り方にも當嵌るであらう。」(145/213) この対応は、すべてのものの世界連関をなすところの一つの構造として分節されなければならない。そうでなければ、この対応はただ内的確信の表明として存続するに止まるであろう。「審美的」態度として考えられているものを現実化するためには、現在の状況を克服することのできる構造そのものが解明されなければならない。「業の立場」は、「近世において世俗化された人間生活と本質的に相通ずるものである」(275/376) という。この構造においてこそ、われわれは或る実践の原理を見出すことができるであろう。そこで次に、空の哲学によって遂行された、「業」の世界への批判をより詳しく取り上げることにしよう。

五　実践の一つの可能な原理としての空の立場

空の哲学は、「業」の世界へのその批判を「無限衝動」というこの世界の立場に向ける。空の立場は意志あるいは「デモーニッシュな無限衝動」という立場を「絶對否定的に超えたところ」(『宗教とは何か』276/378) においてのみ生ずる、という。絶対的否定を通じて超越の或る特定の形態が要請される。しかし、ここで問われるのは、いかにしてそのような否定が他ならぬ「業」の世界において起こりうるのか、ということである。というのは、「業」から空への「轉換」を遂行するという否定は、あたかも「業」の世界の外で起こっているかのように捉えられているように見えるからである。「轉換」の可能性を経験するためには、しかし、何かが前提されなければならないであろう。すなわち、それはまさにこの世界の中にありながら、しかもこの世界を超えていくものでなければならない。「無限衝動」は、かくて現前する世界における人間の現実存在と完全に覆いあうわけではないのである。したがって先に「非人間化」の状況と呼ばれたもののうちにおいて、超越が言わば潜在的に含まれているに違いない。あるいは、人間が完全に機械化されてしまうことなく、そして現在の状況の分析に際して前提されなければならないところの或る領域がなお残っているに違いないのである。しかしながら、西谷はこの領域について詳しくは説明していない。彼は、例えば夢窓の言葉に依拠しつつ「靈光」について語る。すなわち、この光は「萬物の光（即ち萬物の『有』そのもの）がそこから『出生』して来るやうな『大光明藏三昧』であり、それが各人に本具されてゐるといふ」（187/263）とするのである。そして西谷は、次のように自己の言葉を説明する。「我々の自己自體が本来、最も根源的に『中』であると言つたのも、そのところを指して言つたに外ならない。」（同/Ebd.）この潜在的に止まっている超越においてこそ、両次元の同一性と差異性とを統一的に把握する可能性が見出されるのかもしれない。この点に関して、とりわけ注目されるべきことは、西谷が両次元において現前している「力」について語っているということである。

空の場において現前しているという「力」について、西谷は言う。「すべてのものがそれぞれ存在し得る『力』、言ひ換へれば、すべてのものが互ひに他を有らしめる『力』、要するに存在するものが存在するものとして現れてゐるその原本的な『力』は、かの回互的關係に由来するのである。」(178-9/252) そこで問われるのは、この「力」が「業」の世界においてどのように働くのかということである。われわれは、この事情を「業」における「自然」についての西谷の言説のうちに見出すことができる。すなわち、この「自然」とは、「自己が一切のものを自己―内―閉鎖的に集めつつ聯關せしめ、そしてかく他を聯關せしめつつ自らは無始無終に生成轉化するといふ場合の根源的な力、世界の中心になつた自己中心性に働く根源的な力」(274/376) である、という。ここで言われているのは、「業」的活動が根源的には同一の「力」を通じて生成するということである。「力」という用語の使用に関して言えば、次のことが説明されないまま止まっている。すなわち、この「力」が西谷が或る別の意味で語っている「力」とどのように連関しているのかということである。悟りは「『自己が』といふあり方の脱落でなければならぬ」(26/66) という。この「あり方」には何らかの「力」が働いているであろう (ドイツ語訳では直訳すれば、「そこでは『自己』が駆り立てる力であるあり方」となっている)。明らかにこの連関における「力」は、「業」の地平に属している。西谷は、両「力」がどのように相互に関係するのかについてより明瞭に分節するべきであろう。われわれは、事柄を次のように理解することができるのではないだろうか。すなわち、空の場においてすべてのものの「回互」を可能にする「力」が「業」においても潜在的に現前しており、「業」はこの「力」の一面的な形態としての「自己中心性」を通じて生じている、というようにである。かくて、「業」そのものにおいて空が見出されなければならないであろう。空は、「無限の衝動」に反対に働き、輪廻の超越へ

の実践の根拠をなすのである。(註10)

このようにしてわれわれは、空の立場を実践の一つの可能な原理として表示することができるであろう。「審美的」な態度は、「力」の運動を表象することを可能にし、そして人間をして「自己中心性」から離れるように促す。そのことによって、すべてのものの個別性があらゆる瞬間に現在化するのである。その際見落とされてはならないことは、「審美的」な態度が一定の世界連関を前提するということである。この世界連関は、自然史および人類史の成果として現前しており、その諸問題の新たな解決を常に必要としているものである。この世界連関において潜在的に現前している「力」に基づいて、人間は「転換」への方向において彼の決定を下すことができるのである。

付論二　歴史物語としての『愚管抄』

――実践の原理をめぐって――

一　はじめに

本章の課題は、慈円（一一五五―一二二五）の『愚管抄』において歴史物語の成立を見出し、そこに「いま」生きているわれわれ一人ひとりの人間にとっての根源的な問い、すなわち生きることとの実践の原理をめぐっての問いに答えるための示唆を得ることにある。

このような課題設定からただちに問われるのは、このような「いま」生きることとの実践の原理への問いからは一見遠いように思われるであろうこの書物をそもそも何故取り上げなければならないのか、という問いであろう。この問いにはこの書物そのものの内容についての解釈をもって答えなければならないのは言うまでもない。しかし、この書物そのものについての考察に入る前に、これを取り上げる前提となるべきわれわれの立場について一般的に答えなければならないであろう。というのも、「いま」生きているわれわれが漠然とした形にせよ採っている立場こそわれわれをしてこの書物を取り上げさせると考えられるからである。そのとき空の立場は、われわれが「いま」生きることにおいて向き合わざるを得ない状況に対して採られているという仕方でこの状況と繋がっているに違いない。そこで、まずわれわれが置かれている「いま」の世界の状況に眼を向けなければならないであろう。「いま」生きている人間にとって、とりわけ「いま」の日本において現れている世界に生きるわれわれ一人ひとりにとって、次のことが根底から問われているように思われる。すなわち、まさに生きるということをめぐって、生きることの目的は何か、つまり、何故にあるいは何を根拠として生きるのか、ということである。言い換えれば、われわれが生きるということをどのような原理に基づいて実践していくべきなのか、ということである。そして日本に生きるわれわれにとっては、とりわけ他ならぬ日本においてこのことが問われているということが重要であろう。すなわち、われわれは複雑化し多様化した「いま」の世界において戦争と平和や環境問題など地球的規模の諸問題を背景にしつつ社会的紐帯の解体や生命倫理の問題などわれわれ一人ひとりの生命の在り方に関わる諸問題に直面している。そして「いま」の世界という状況を共通にしながらも、とりわけその中で日本という限定において、われわれは諸問題に立ち向かうことが要求されている。というのは、「いま」の日本においてわれわれは「いま」の世界の問いを受け止めざるを得ないのだが、当の日本文化に問いへの答えを見出すことができるかどうかが他の文化についてはともかく、「いま」の日本に生きるわれわれに直接突き付けられているからである。

では、果たしてわれわれがこれらの問いに対して答えを与えることができているのかと言えば、われわれはそのようにはとても言えないという状態のうちにある。すなわち、われわれは、当の問いに対して何らかの答えを与えることができているどころか、むしろわれわれ自身の生きる根拠をどこに見出したらよいのか分からないという混迷のうちにあり、今後の方向をどのように見定めるべきか不分明のままに、この方向を探し求めているという状態にあると思われるのである。

そのような状態にあるとすれば、われわれにとっての次の問いは、さしあたり、まずどこから始めればよいのかという問いである。そのとき、われわれにとって浮かび上がってくることがある。それは、「むかし」に立ち返ることによって「いま」を見定めるということである。その場合、一方でそれぞれの個人は自己にとって個人史を辿るなどきわめて特殊な出来事に立ち返るということもあるだろう。それは、その個人それぞれによって違っている。このことは当然のことであり、そのことがそれぞれ深められていくべき条件を現代は生み出しているのである。

しかし、他方でそのような相違を越えて、われわれの祖先以来の「むかし」を全体として振り返るということが不可避的に求められるであろう。すなわち、われわれの祖先がどのように世界と関わってきたのかを振り返るということである。というのも、個人の抱える問題が個人的な不安の解消によって解決されることもありえず、全体の見通しが欠けているということをめぐっての不安が漠然としてであれ、感じられてもいるからである。そしてさらに、あれこれの「むかし」の出来事についてではなくて、「むかし」というものに立ち返るということとそのこと自体の意味について捉えるということが問われることになるであろう。このような問いを立てるとき、われわれは自己と世界との関係を「むかし」と「いま」との対比において捉えることによって実践の原理へのわれわれの問いに一つの答えを得ることになるであろう。

そこで一般に人間が何らかの仕方で自己と世界との関係について認識するとき、「むかし」を対象とする場合とはどのような場合なのかが問われるであろう。この場合には、それなりの独自の意味があるはずである。というのは、そこでは当該の関係が時間軸にそって取り上げられるわけだが、このような取り上げ方自体が一定の独自な視点を前提していると考えられるからである。そこには「いま」を生きるという時間軸による限定が日本という空間軸による限定とともに特別の意味を持つ特別の事態として捉えられるであろう。どのような意味においてであるにせよ、この認識によって「むかし」が何らかの仕方で位置付けられるであろう。

この位置付けに際して、それを行なう自己の立場が前提されていると思われる。その前提とは、自己によって世界との関係の認識が行なわれる際に当の自己がその拠って立つ「いま」をどのように認識しているのかということである。そしてこの「いま」を認識するために、とりわけ「むかし」が取り上げられるのである。すなわち、自己にとっての「いま」から見て「むかし」が位置付けられるのである。あるいは逆に言えば、「むかし」との対比という仕方で「いま」が認識されるわけである。

ここには、自己と世界との関係を「むかし」—「いま」という対比において捉える一つの認識の仕方が示されている。そして、そのような対比において位置付けられた「むかし」から「いま」への過程が捉えられることになる。この過程が一定の仕方で認識されるということには、一つの歴史認識の成立を見出すことができるはずである。

そのとき、一つの問いが立てられるであろう。すなわち、このような歴史認識という認識の仕方は、自己と世界との関係について認識にとってどのような意味があるのか、という問いである。それは、たまたま過去を対象にしたにすぎないのだろうか。そうではなく、このような対象の立て方自体に何か本質的な事柄が含まれているのではないだろうか。そこで、この問いにどのように答えるべきかということについて検討されなければならないであろう。そして、もしそこに何か本質的な事柄が含まれているとするならば、それはどのようなものなのかを明らかにすることが必要となるであろう。

リューゼン「歴史物語の四つのタイプ」

ここで生じている事柄について理解するために、その手がかりとして本章ではJ・リューゼンの論文「歴史物語の四つのタイプ」を取り上げたい。この論文を取り上げる理由として、われわれの問いに関わる次のようなことが挙げられる。すなわち、この論文において、まず、当の事柄の理解の仕方の一つとしての「物語 Erzählen」理論について総括的に捉えられているということ、さらにこの点についてのみならず、それに加えて本章において取り上げる「歴史物語 historisches Erzählen」について理論的な手がかりが得られるということ、つまり「物語」一般の理解の上に立って「歴史物語」がどのような意味を有するかについて論究する筋道が与えられるということである。

もちろん、これらの論点をめぐっては「物語」一般および「歴史物語」についての研究史を踏まえなければならないのは当然である。そして後者の「歴史物語」をめぐって本来は歴史理論全体についての見通しにおいてこの論文を位置付けする必要があることは言うまでもない。しかし、このことは筆者の能力を越えている。したがって、この論文を取り上げる意義は限定的なものでしかありえないであろう。しかし、それにもかかわらず、そこには顧慮に値するものがある。すなわち、この論文が「物語」理論一般を前提しつつも、その中で「歴史物語」理論を取り上げるに際して、この論文が他ならぬ「歴史物語」の成立にその焦点を合わせているということである。このことから見て、この論文は「歴史物語」の意味の考察に際して示唆するものがあると言えよう。本書にとって可能なことは、そのような限定において、当該論文を手がかりにわれわれの問いについて考察を進め、答えを与えるべく試みることにすぎない(註1)。

「物語」理論に従えば、ここでの歴史記述はそのうちで「歴史」Geschichte と呼ばれる「むかし」というものの質が構成されるところの意味形成過程が示されるものである。そしてそこで、注目に値するのは、このような意味形成過程が「物語［物語ること］Erzählen」の経過と同じものと見做されるということである（Rüsen 514 参照)。かくて、人間は「物語る」という仕方で過去というものの質を理解するということ、つまりこの仕方で過去を意味付けするということが主張されるわけである。

この理論は、自己と世界との関係において生じていることを人間が理解する際に、どのように理解していくのかを明らかにしている点で示唆に富んでいる。それは、この関係の理解に際して、この関係を「歴史」のうちに見るという理解の仕方を提示する。ただし、そこには「物語る」こと一般が「むかし」に関わるとしても、必ずしもその「物語」を「歴史」として捉えることを意味しないであろう。というのは、「物語る」という仕方で「むかし」というものの質を理解すると言うとき、そのように言われることによっては「物語」一般について規定されるにすぎないからである。そこで、そのような「物語」一般の中でとりわけ「歴史」が主題となるのはどのような事情においてなのかが明らかにされなければならないであろう。では、先の関係についての理解の仕方がとりわけ「歴史」として捉えられるのはどのような場合であろうか。

そのように「歴史」が登場するのは、おそらく次のような場合ではないだろうか。すなわち、自己の直面する世界が何らかの意味で人間の理解を超えているという場合である。そのとき、人間は自己と世界との関係を主題的に取り上げざるを得ないことになるであろう。つまり、人間はこの関係の在り方を主題として取り上げ、それなりの仕方で関係を再構築しようとする。というのは、そこでの世界が人間の理解を超えている限りにおいて、自己と世界との関係は理解可能な仕方で再構築されなければならないからである。そして、その取り上げ方としては、「むかし」から流れてきた時間の系列のうちにそれを「いま」として位置付けるという仕方が切実なものとして浮かび上がってくる。そのようにすることによって、人間は「いま」から「これから」への展望を得ようとするのであろう。

このような「むかし」—「いま」—「これから」という系列を立てる仕方が登場するということは、

おそらく一般に、自己と世界との関係がそれまでのようには自明のものではなくなり、何らかの意味で変革されざるを得ない時期を迎えているということを示しているであろう。このような時期において、人間は何らかの仕方で実践に迫られるようになり、したがって実践の原理が問われるようになるのではないだろうか。そのとき、「歴史」が思想の主題として登場する。それもあれこれの歴史ではなくて、歴史一般が原理的に反省されるのである。そして、そのようなものとしての歴史への原理的な反省に基づく歴史記述が成立することになる。つまり、事柄を歴史的に物語るということ自体が実践の原理への反省として主題化されるのである。ここに、「歴史物語」の成立について論究することが課題として立てられなければならないであろう。

この課題を果たすためには、歴史物語とは何かが確定されなければならないわけだが、その際歴史物語の人間学的基礎について明らかにすることが重要であろう。というのは、歴史というものが歴史物語という仕方で取り上げられるとき、そこにはそのような歴史を記述する人間が前提されており、そこに歴史物語の成立根拠が示されるだろうからである。すなわち、歴史物語においてはその前提として、そもそも人間がどのような意味で歴史に向かい、歴史を記述しようとするのかについての理解、すなわち歴史物語を求める人間学的基礎が問われるのである。

この目的にとって、リューゼン論文が次の意味において参考になる。すなわち、この論文は「歴史物語」の本質を「伝統的 traditional」「範例的 exemplarisch」「批判的 kritisch」「発生的 genetisch」というその四つのタイプに類型化する（Rüsen 537-539 参照）ことによって解明しており、そこにとりわけ「物語」一般の中で「歴史」が学問的に主題化される根拠を求めているのであるが、その際歴史物語を構成する人間学的基礎を捉えているという意味においてである。

慈円『愚管抄』

本論では、日本におけるそのような歴史物語の一つの典型的な例として『愚管抄』を挙げたい。というのも、『愚管抄』は、日本における歴史記述をめぐって特別の位置を占めており、歴史物語という仕方での自己と世界との関係の在り方について原理的な問題の所在を示していると考えられるからである。すなわち、『愚管抄』は日本における「歴史哲学」の最初の書物と呼ばれてきたのだが、そのうちでは歴史が初めて統一的な概念、すなわち「道理」および「末法」という概念の基礎の上に描かれているとされるのである。ただし、このようにのみ呼ばれてきたわけではない。そうではなく、この書物をゆるやかに「歴史書」と呼ぶこともできよう。(註2)どのような呼び方が適切であるのかについては、この書物の中に捉えられた歴史をどのように規定するかに依るであろう。そこではとにかく歴史が対象となっており、歴史を認識するという仕方で何かが物語られているわけである。

そこで『愚管抄』をめぐって歴史における物語ということに注目して、これらを含む歴史物語という視点で捉えてみたい。すなわち、日本で初めて『愚管抄』において歴史が完全に意識的に統一された仕方で記述されたという点に注目しよう。このように見るならば、『愚管抄』において少なくとも日本における歴史物語の成立の一例が観察されるということになるであろう。

この書物の根底的な概念、すなわち「道理」の性格に関して、二つの解釈のタイプがある。第一の解釈のタイプは、「道理」とは或る時代的な状況を超えているところの理念的な原理であり、そのうちで著者の慈円は（本書の用語で言えば）実践の原理を見出そうと努めたというものである。[註3] 第二の解釈のタイプは、「道理」とは理念的な原理ではなく、或る特定の政治的状況においてのみ応用されうるようなただ現実的な原理にすぎないのであり、それでもって慈円は彼の政治的な視点を正当化しようとしたというものである。[註4]

これらの解釈のタイプにおいては、次のことを解明することが残されているであろう。すなわち、何故著者が彼の思想を他ならぬ歴史物語という形態で表現したのかということである。第一の解釈のタイプでは、「道理」概念の意味を書物そのものの記述の内部に見出すように努められるのに対して、第一の解釈のタイプに対する批判としての第二の解釈のタイプでは歴史はただ正当化の手段として特徴付けられている。したがって両者においては、『愚管抄』の記述が一つの歴史物語であるということが前提されている。

そこで、われわれの考察の課題は次のことにあることになるであろう。すなわち、まさに『愚管抄』における歴史物語の成立のうちに「道理」概念の性格、したがって慈円の思想全体の性格を見るということである。この課題を果たすために以下において、先のリューゼン論文を手がかりとしながら、次の五点が論究されなければならない。すなわち、第一に慈円において歴史物語はどのように成立したのか（二）、第二に彼の歴史物語の基礎となるものは何か、つまり当の時代の課題、そして彼の出自および社会における彼の地位はどのようなものであったのか（三）、第三に彼の歴史物語の性格は何か、すなわち歴史物語の四つのタイプを顧慮して彼が抱いた連続性の表象としての「道理」とはどのようなものなのか（四）、第四に慈円の歴史物語との連関において「末法」史観とはどのようなものなのか（五）、第五に歴史物語がそこで成立した『愚管抄』の当の歴史記述にはどのような意味があるのか（六）、という点である。

二 『愚管抄』における歴史物語の成立

『愚管抄』という書物のうちに歴史物語という性格を見出すことは、容易なことであるように見える。すなわち、著者の視点の単なる主張ではなくて、この視点の正当化を歴史的な過程のうちに求めるという態度を見出すということである。このことが果たして妥当するのかどうかについて、たとえこの過程が当の視点から構成され描写されているとしても、問われなければならない。政治的な正当化の意図を持った歴史記述の仕方は、なるほど『愚管抄』のうちに現われてはいる（この点において第二の解釈のタイプは正しい）。しかしながら、それは特別新しいものではない。というのは、歴史記述のそのような仕方は、日本書紀以来ごく普通のことであったと思われるからである。『愚管抄』において新しいのは、歴史記述そのものの根拠が統一的な概念として反省されているということである（この点において第一の解釈のタイプは正しい)。

しかし、さらに次のことが問われるべきであろう。すなわち、この新しいものがそもそも何を意味するのかということである。ここで考慮されるべきことは、歴史物語というこの新しい仕方そのものが一つの歴史的所産であるということである。『愚管抄』において歴史物語が現われているという前提をめぐって、そもそもこの前提が何を意味しているのかという点に関して吟味されなければならない。ここに、『愚管抄』における歴史物語の成立という問題がある。このような問題構成のうちに、『愚管抄』の性格が見出されるであろう。それによって、『愚管抄』はもはや歴史物語の単なる一例ではなく、むしろそれ自身が日本において歴史物語がどのように成立したかということについての根本資料を提供しているのである。かくて、歴史物語が言わば歴史的に探求されるわけである。ただし、ここで問われるのは、歴史物語の成立の事実そのものの歴史的探求ではない。そうではなくて、この物語の成立をめぐって、それがどのような人間学的基礎に基づいているのかということである。

歴史物語の人間学的基礎については、リューゼンの見解が参考になる。リューゼンによれば、歴史物語は人間学的基礎をなすところの言わば〈アイデンティティーへの欲求〉によって担われている。すなわち、「歴史物語は、時間的な変化の経験についての連続性の表象をなしている。そのとき、それは著者および読者の欲求 Bedürfnis によって担われている。その変化の中でアイデンティティー Identität を主張し、その中で自己自身を失うのではなくて獲得し、自己をその中で彼らの行為によって主体として貫くという欲求である」(Rüsen 535)。ここで注目されるべきことは、当の〈アイデンティティーへの欲求〉が歴史物語という形態で自己を記述するという点に到達しているということである。ただし、リューゼンにおいては、この点が何を意味しているのか詳細には説明されないままに止まっている。というのは、彼の論究は、歴史物語の構造を考察することに向けられているからである。われわれの論究においては、そのような構造を前提することはできない。何故ならば、まさにこの構造こそわれわれの論究の対象だからである。そうでなければ、われわれは先に述べた解釈のタイプと同様に解釈することになるであろう。そこでわれわれの論究において課題になるのは、次のことを明らかにすることである。すなわち、人間学的基礎が『愚管抄』の場合にとりわけ歴史物語という形態においてどのように現実化されるのか、そしてこのことが逆に人間学的基礎にとって何を意味するのかということである。

そこで問われなければならないのは、著者慈円が歴史上の出来事に即して連続性についてどのような表象を持っていたのかということである。彼がその歴史物語で連続的であると捉えているものは、言うまでもなく彼の時代像や彼の出自そして彼の社会的地位と関連しているであろう。これらの事柄を考慮することを通じて、われわれはまず歴史物語の人間学的基礎について論究することにしよう。

三　慈円における歴史物語の人間学的基礎

――時代の課題、彼の出自および社会における彼の地位について――

慈円が見ていたものは、まず彼が自己の生きる時代についてどのような時代像を持っていたのかということに端的に示されるであろう。それは、次のような時代の転換である。すなわち、彼が武家政権の興隆のうちに見て「末代悪世」における「末法」の始まりと捉えた時代の転換である。すなわち、「マコトニハ、末代悪世、武士ガ世ニナリハテテ、末法ニモイリニタレバ」(『日本古典文学大系86愚管抄』(=『愚管抄』)340、〈現代語訳〉「実際には、今や末代の悪世、武士の世になりはてて、末法の時代にも入っている(『日本の名著9慈円　北畠親房』(=『慈円』)319))というのである(「末法」については五参照)。

この時代像は、彼の出自および社会的地位を見れば理解できる。というのは、彼は摂関家の出身であり、そして上皇の宮廷と非常に密接に繋がっていた天台宗の首長である天台座主に既に四度もなっていたからである。したがって、彼は彼の生きる時代のうちに彼の親しんだ世界の危機、すなわち公家政権の没落を見たに違いない。そうだとすれば、仮に彼が彼の出自および社会的地位からして端的に保元の乱(一一五六年)以来の大いなる害悪の故に新しい政権を告発したとしても不思議ではない。すなわち、彼はその時代を次のように告発するのである。「コノ巨害ノコノ世ヲバカクナシタリケルナリ」(『愚管抄』217、「この保元の乱という巨大な害悪がこの世を現在のようにしてしまったのである」『慈円』213)、と。しかし、慈円は単純に旧い公家政権の側に立ったのではない。そうではなくて、彼はむしろ両者を結びつけようと努めたのである。

その限りで、彼は新しい政権の必然性を承認していた。(註5) そこで問題になっているのは、歴史的な出来事を或る必然的なものとして認識し、あるいは承認し、そしてそれ故に或る規範的な主張を超え出る態度である。第二の解釈のタイプから見れば、この態度は或る現実的な政治的根拠によって動機付けられていると推定されるかもしれない。実際慈円は、政治的対立を避けるために、『愚管抄』を承久の乱（一二二一年）直前に書いたのである。(註6)

新しい政権への評価に関して、慈円のそれとは別の態度もあった。すなわち、慈円には和歌の交流を通じて親しかった後鳥羽上皇によって代表される態度である。これは、武力による武家政権の転覆を目指した。その芽は、院政において現われていたわけである。だが、このような仕方で武力によって武家政権とは別の権力を樹立することは、慈円にとっては摂関家である彼の家の没落をも意味していた。それ故、彼にはそのような権力樹立の試みを全く受け容れることができなかったであろう。そこで、慈円は次のように考えたに違いない。すなわち、後鳥羽上皇は武家政権の鎌倉幕府を攻撃してはならない、と。何故ならば、このことは国の初まり以来の神々によって命じられた伝統からの犯罪的な逸脱だからである。ここに、彼の書物の直接的な動機が見出されるのではないだろうか。しかし、このことのみをこの書物の意味であると仮定するならば、慈円の歴史物語のうちにただ彼の主張を正当化する手段しか見出すことができないであろう。『愚管抄』の記述は、或る単純な時代批判あるいは或る政治的な態度決定を超えているような何か、すなわち、一定の歴史観をもって歴史物語を可能にするような何かを含んでいる。

このことは、次のことを推定させる。すなわち、彼の固有の現実に対する彼の態度は歴史物語として具体化される或る新しいものであるということである。もし彼の態度がそのようなものではないとするならば、特定の政治的状況に向けられた政治的な著作で彼の直接的な目的には十分叶っていたのではないだろうか。彼の態度とは、歴史的現象などを取り扱うような著作における或る歴史観として見出されるべきであるような何かでもない。このような意味での歴史観あるいは歴史意識はどこにでも見出されるであろう。というのは、そのような著作はつねに歴史についての何らかの見解を含んでいるということは自明のことだからである。『愚管抄』もまたもちろんそのような著作の一例であり、しかも良い例である。何故ならば、それは歴史そのものを対象としているからである。しかし、このような捉え方では次のことが説明されないまま残っている。すなわち、何故『愚管抄』がとりわけ歴史物語という形態において成立したのか、ということである。そこで考察されなければならないのは、慈円のこの態度がどのように彼の書物の根本的な概念、すなわち、「道理」概念に関わるのかということである。

四　慈円の歴史物語の性格——連続性の表象としての「道理」——

『愚管抄』の内容は、次の三部から構成されている。[註7] すなわち、

(1) 皇帝年代記（第一巻—第二巻）

（2）「道理」の変化に関する歴史の記述（第三巻―第六巻）

（3）「道理」および時代に結び付いた指針（第七巻）

ここで顕著なことは、皇帝年代記が公家階級にとって当時の歴史認識の枠組みであったということである。[註8] この点において、歴史物語把握についてのリューゼンの方法を援用するならば、慈円の「方向付けへの欲求 Orientierungsbedürfnis」（Rüsen 520）は最初から確定されていたということが示されている。この欲求あるいは「現在への関心 Gegenwartsinteresse」（Rüsen 528）は、慈円に彼のアイデンティティーを皇帝年代記の線上で見出すように動機付けた。この線を想起することによって同時代の変化が理解可能にされる（Rüsen 529参照）。ここには、それに基づいて慈円においてもまた野性的な時代から人間的な時代への変化が遂行され、そして物語が成立した（Rüsen 523参照）ところの「永遠のもとにあることの快楽 Lust an der Ewigkeit」（Rüsen 522）が見られるであろう。しかし、これによってはまだ歴史物語について何かを述べることはできない。というのは、そこにはなお、どのように「方向付けへの欲求」が〈アイデンティティーへの欲求〉と関連するのかが明らかにされないまま、残っているからである。

後者の欲求が表現するものは、「道理」理念に他ならない。歴史物語というものは、どれも「現在への関心」あるいは「方向付けへの欲求」に関わっている。しかし、それは直接的ではない。というのは、連続性の表象は理念として行為の方向をときに規定し、「方向付けへの欲求」に逆に作用する。この点に、おそらく言わば理念の遊動空間があり、その作用を通じて「方向付けへの欲求」は或る行為に置き換えられるのであろう。そのとき、理念は歴史の連続性の表象としてあるいは歴史の解釈として一定の役割を果たすことができるであろう。すなわち、この解釈を通じてこの理念の主体はその行為の諸条件を取り扱うことができるのである（Rüsen 520, 528, 531参照）。一度、本来「方向付けへの欲求」に基づいている理念が形成されると、理念は逆にこの欲求を導き、そしてそれにその正当化の根拠を与える。こうして、理念は実践の原理として働くのである。

実践の原理としての理念について語るとすれば、このように語ることは歴史物語におけるその機能としては言い過ぎかもしれない。何故ならば、リューゼンによれば、歴史物語の理念は「統制的regulativ」に止まる（Rüsen 531）からである。このことが慈円の「道理」理念においてもそうであるかのかどうかは疑わしい。というのは、「道理」とは慈円が歴史のうちに見出し、或る構成的なものとして捉えたところの纏まりのある意味の総体性を指し示しているからである。このことは、彼の書物の意図についての言明において示されている。彼の意図は、歴史の根底に「道理」を見出すことである。

このことについて、慈円は言う。すなわち、「世中ノ道理ノ次第ニツクリカヘラレテ、世ヲマモル、人ヲマモル事ヲ申侍ナルベシ」（『愚管抄』321、「世の中の道理が順次作りかえられながら世の中をささえ、人間を守っているということを申し述べたい」『慈円』302）、と。ここから、実践への彼の命題が生ずる。すなわち、「邪正ノコトハリ善悪ノ道理ヲワキマヘテ、末代ノ道理ニカナヒテ、仏神の利生ノウツハ物トナリ」（『愚管抄』317、「邪と正との道理、善と悪との道理をわきまえて末の世の道理にかなうようにし、仏や神のめぐみをうける器となる」『慈円』299)、つまりそのような人格の持ち主にならなければならないという命題である。かくて慈円によれば、歴史は「道理」に従って動くのである。

この理念は、歴史物語そのもののうちに形成された或るものとして理解されるであろう。このことは、『愚管抄』が一つの歴史物語としてのみ成立することができたという事情と関わっている。慈円にとっては、時代の現象はただ次のようなものとしてのみ表象されるべき或るものであった。すなわち、彼の歴史認識の枠組みのうちに位置付けられるに違いないものである。彼の認識一般の枠組みとは、歴史認識のそれに他ならない。彼にとって或る事柄を記述するということ一般が可能であったとするならば、それはただ歴史物語という形態においてのみ登場したに違いない。何故ならば、彼の言明の正当化の根拠は常に歴史的に生起した「道理」のうちに求められたからである。そうだとすれば、次に言及されるべきことは、『愚管抄』における「道理」理念がどのように歴史物語の四つのタイプに分節されるのかということである。

伝統的物語としての『愚管抄』の性格は、慈円が神代以来の統治形態の伝統的継承について述べるとき、明らかである。つまり、皇室出身者以外の誰も天皇になることは許されないということである。すなわち、「日本国ノナラヒハ、国王種姓ノ人ナラヌスヂヲ国王ニハスマジト、神ノ代ヨリサダメタル国ナリ。」(『愚管抄』328-329、「日本国のしきたりでは、国王の家柄の出でない人を国王にしてはならないと神代以来定められているのである。」『慈円』308) さらに、各天皇はその臣を摂政関白に任じなければならず、そしてその者とともに統治しなければならないということが神代からの慣習として命じられているというのである。すなわち、「ソレニカナラズシモワレカラノ手ゴミニメデタクヲハシマス事ノカタケレバ、御ウシロミヲ用テ大臣ト云臣下ヲナシテ、仰合ツ、世ヲバヲコナヘトサダメッル也。」(『愚管抄』329、「そして、国王となられた御方が、万事御自分の手で立派に事を処理していかれることは、かならずや困難なのであるから、御後見役を用いることとして大臣という臣下を設け、それと御相談をなさりながら世の中を治めていくようにと定められたのである。」『慈円』308) ここに、時代の経験のうちに源泉の更新を見るところの伝統的物語 (Rüsen 545 参照) としての『愚管抄』の性格が示されている。

慈円は、武家政権を眼前にした当時の問題の解決を次のことに見出した。つまり、摂関家出身の人物が武家政権の長つまり将軍になるということにである。すなわち、「摂家ト武士家トヲヒトツニナシテ、文武兼行シテ世ヲマモリ、君ヲウシロミマイラスベキニナリヌルカトミユルナリ。」(『愚管抄』336-337、「摂関家と武士家とを一体にし、文武を兼ね備えて世を治め、そういう文武兼行の臣下が後見役として君をおたすけすべきであるということになったものと思われるのである。」『慈円』315)(註9) そして結局のところ、このことが祖先神の考えに基づくとされる。すなわち、「宗廟神ノ、猶君臣合体シテ昔ニカヘリテ、世ヲバシバシヲサメントヲボシメシタルニテ侍」る (『愚管抄』333、「皇室の祖先神が君臣を一体にさせて昔に帰らせ、しばらくの間世の中を治めさせようとお考えになったことから起こったのである」『慈円』312)、というのである。これによって、源泉の命令が更新されるというわけである。

また、皇位継承の規則がその正しい形態においてまず歴史の初まりが示されたという。すなわち、「一切ノ事ハカクハジメニメデタクアラハシオカル、ナルベシ」（『愚管抄』45、「すべての世のことわりというものは、このように歴史のはじめにみごとに示しておいてあるらしい」『慈円』71）。このような物語の在り方は、範例的物語として理解できるであろう。それは、人間の行為の時間上の（つまり時代における）動きを超時間的に（つまり超時代的に）妥当する行為規則の完遂として捉えるところに示される（Rüsen 547参照）であろう。というのは、慈円はこの形態のうちに歴史全体において妥当する行為規則を見ているからである。

二つの物語の在り方は、次のように相互に結び付けられている。すなわち、或る範例的行為のうちに一つの行為規則が見出されるわけだが、この行為規則は神々によって命じられた伝統に基づいているというようにである。そうだとすれば、歴史は次のように解釈されるであろう。すなわち、天皇政権は変わることなく存続し、この政権が臣下の補弼を必要とする限りにおいてただその形態のみが変化するにすぎない、というようにである。その形態の変化とは、①天皇親政政権―②摂関の補弼を伴う天皇政権（藤原鎌足がその家の地位を認めさせた大化の改新以来）―③摂関および武家の補弼を伴う天皇政権（慈円はこの段階に属する）、という変化である。

かくて現在は、歴史のうちに織り込まれることになる。このようにして、武家政権の興隆のような変化が歴史のこのような把握のうちで理解可能にされるのである。ここでこの把握の正当化が批判的に取り扱われているのではなくて、むしろ伝統的に前提されているので、ただ正当化の根拠が反省され、表現されているにすぎないように見えるかもしれない。そうだとすれば、『愚管抄』の歴史物語はただ伝統的―範例的物語に数えられるにすぎないことになるであろう。というのは、それは伝統に対して、あるいは範例に対して何ら批判をしていないように見えるからである。実際、それは時代の出来事のうちに伝統からの如何なる逸脱も知らないのであり、それ故、根底的な連続性の現象としてすべての現象を自己のうちに含んでいるのである。そこでそれは、時代の変化をただ一つの視点から正当化し、一つの線に持ち込むような単なる歴史解釈として理解されるかもしれないのである。

しかし、見過ごされてはならないのは、慈円が彼の同時代を「末代」として特徴付けたということである。ここには、武家政権に向けられた明らかに彼の時代批判が見出される。ここから一つの問いが生ずる。すなわち、正統な天皇政権が公家・武家連合の補弼によってはじめて確立されるはずであるとする現在についての歴史把握とこの時代批判がどのように連関するのか、という問いである。この把握は、慈円の単に政治的な「方向付けへの欲求」として理解されうるものではない。それは、むしろ歴史物語の諸形態が全体として作る連関においてはじめて表現されうるような、より深い把握を前提している。すなわち、単に伝統的―範例的物語という形態においてばかりではなく、また批判的―発生的物語という形態においても表現されるうる把握である（Rüsen 538-539 参照）。四つの物語の仕方は、相互に結びついており（Rüsen 542 参照）、そのことを通じて統一的な歴史把握を構成しているのである。

このような把握は、また先の問いにも答えうるであろう。その際、問題になっているのは、言わば二面的な態度である。すなわち、一方では歴史全体を対象として批判的に取り扱う態度、他方では歴史を或る必然的なものとして認識し自己自身をこの歴史そのもののうちに見出す態度である。この態度の主体は、歴史そのものの主体に他ならないものとして次の仕方で登場する。すなわち、「末代」という状況がこの主体をして、この状況の根拠を探し、そこからの出口を見出すように促すという仕方である。このことは、おそらく慈円の歴史物語の成立において起こったことであろう。というのは、当時の状況は慈円に彼の時代像を「末代」として表象させたからである。しかし、このことはさらに次のように理解されるべきであろう。すなわち、慈円の思想が当時の状況によってこのように規定されたということが彼の思想そのものの内容として再構成されたというようにである。かくて慈円の「方向付けへの欲求」は、歴史把握によって表現された彼の〈アイデンティティーへの欲求〉のうちに位置付けられたのである。

この態度の主体が歴史の主体として登場するということは、他でもなく、歴史物語が成立するということを意味する。このことは、とりわけ発生的物語においてそうである。何故ならば、リューゼンによれば、そこでは歴史は「弁証法的に dialektisch」表象される（Rüsen 555 参照）からである。『愚管抄』において問題になっているのは、次のような主体と客体との弁証法である。すなわち、一方では客体（「末代」としての時代状況）が主体を客体に自己を対置するように促す。しかし、他方では逆に主体は客体のうちに自己の根拠を見出し、客体における伝統を前進させる。このようにして、実践の原理が過去と未来との間の橋渡しとしての現在のうちに明確に立てられるのである。(註10) その際考慮されるべきことは、先に触れたように、仏および神の恩恵を受け取るに値するような人格の持ち主への人間の形成のうちに実践の課題が求められる（『愚管抄』317、『慈円』299からの引用参照）ということである。すなわち、『愚管抄』における実践の原理は慈円の仏教思想と連関しているのである。そこで次に考察されるべきことは、歴史物語が後者、とりわけいわゆる「末法」思想とどのように結びつけられているのかということである。

五　慈円の歴史物語との連関における「末法」史観

慈円の歴史観一般が「末法」（一〇五二年以来）思想によって導かれているものとして特徴付けられるのかどうかは、疑わしい。(註11) というのは、この思想に対立する「正法」思想は当時の仏教思想における三つの時代（正法―像法―末法）の意味においてではなく、「王法」すなわち政治権力の領域において用いられたのだからである。「末法」という語は余り登場せず、代わりに「末代」あるいは「世の末」という語が現われる。主として政治思想が問題になっているのであり、それ故彼の宗教思想が問題になることは少ない。しかし、このことは彼の歴史観が「末法」思想によって全く影響されなかったということを意味するのではない。反対に当時の一般的な雰囲気としての「末法」思想は、彼の歴史物語の形成に次のように働いたであろう。すなわち、この思想故に慈円は自己自身および眼前の世界を歴史の光のもとにもたらし、そして彼の〈アイデンティティーへの欲求〉を歴史物語という形態で満足させるよう促されたというようにである。ただし、その際この思想のような時代像に自らを対立させ、この対立を新しい形態で解消することに向けられた何かが前提されなければならないであろう。これは、或る潜在的な前提である。それは、なるほど歴史物語の外側で生じたものではあるが、しかし、当の対立が解消されうるように、歴史物語に姿を変えるものである。

当時の状況を眼前にして歴史物語に姿を変えたものは、慈円の個人的な信仰に帰着する。この信仰は、「王法」と「仏法」とが一体であり、相互に依存しているというところにある。[註12]これはまたその時代の歴史的所産である。[註13]しかし、慈円にとっては、それは彼の根底的な確信であり、彼の〈アイデンティティーへの欲求〉の根底にあったに違いない。

この信仰に基づくならば、当時の状況は次のように見えたであろう。すなわち、「王法」と「仏法」との統一という本来的な状態から時代は没落し、現在もまた没落しているというようにである。慈円は、歴史全体を仏および神の世界と人間の世界とが相互に調和していた理想的状態からの没落の過程として描くのである。すなわち、「コノヤウヲ、日本国ノ世ノハジメヨリ次第ニ王臣ノ器量果報ヲトロヘユクニシタガイテ、カヽル道理ヲツクリカヘシテ世ノ中ハスグルナリ。」(『愚管抄』326、「こうしたことを考えてみると、日本国のはじめからしだいに王臣の器量と持って生まれた幸運とが衰えていくにつれ、道理というものが作りかえられ作りかえされながら、世の中が移り変わり、時が過ぎてきたということがわかるであろう。」『慈円』306)

彼は、この立場から「仏法」に関連する様々な現象を判定する。例えば、蘇我馬子による崇峻天皇の暗殺が「仏法」の受容という目的に従って正当化される（『愚管抄』136-137、『慈円』142-143）、菅原道真の左遷が「末代」における仏の具体化による救済として解釈される（『愚管抄』88、『慈円』101）、慈円自身が四度にわたって天台座主に任命されたことが延暦寺に伝えられてきた「仏法」が「王法」にとって忠実な役割を果たしたことと見做される（『愚管抄』122、『慈円』130）、法然以来の「専修念仏」の教えに従う行いが「仏法」の没落の像として激しく批判される（『愚管抄』294-295、『慈円』279-281）、というようにである。

ところで、「王法」との関連における「仏法」の位置付けをめぐって顕著なことがある。すなわち、慈円におけるその位置付けは天台宗の創立者最澄における仏教の位置付けよりもずっと高く評価されているということである。後者においては、なるほど国家への仏教の義務感情は現われるけれども、しかし仏教の位置付けは言わば召使の位置付けとして表象されている。これとは異なって慈円においては、「仏法」は常に政治権力としての「王法」との関連において考察されている。かくて「仏法」は、ただ摂関家の一員によってのみ担われうるのであり、また許されるのであるという視点、つまり神話時代以来の伝統を維持するという視点のうちに閉じこめられるのである。慈円の国家概念は、最澄のそれから遠く離れている。最澄は、民衆全体を福祉に導くために仏教を民衆宗教として新たに樹立しようと努めた。

例えば『願文』では次のように言う。すなわち、「伏して願くは、解脱の味独り飲まず、安楽の果独り証せず、法界の衆生と同じく妙覚に登り、法界の衆生と同じく妙味を服せん。」（「伏して願くは、解脱の味はひとりで飲まず、安楽の果はひとりで明らかにせず、生きとし生けるものすべてと同じく妙なる覚りの位にのぼり、妙なる覚りの味いをのみたい。」『日本の思想　1　最澄・空海集』（＝『最澄・空海集』）30。同じく『日本の名著　3　最澄　空海』（＝『最澄　空海』）78参照）

また『山下学生式』に言う。「凡そ、国師・国用、官符の旨に依りて、伝法及国講師に差し任ぜよ。其の国講師、一任の内、毎年安居の法服の施料は、即便ち、当国の官舎に収納し、国司・郡司、相対して検校し、将に、国裏の池を修し、溝を修し、荒たるを耕し、崩たるを埋め、橋を造り、船を造り、樹を植ゑ、紵を植ゑ、麻を蒔き、草を蒔き、井を穿ち、水を引きて、国を利し、人を利するに用ふべし。」（「およそ、国の師、国の用は官の命令によって伝法の師、諸国の講師として任じていただきたい。その諸国の講師に任ぜられているあいだの、毎年の安居の法服料として与えられるものは、その国の官庁に収め、国司、郡司が保管して、その国の池を修理したり、用水路の改修、開墾、くずれた堤防の修築、橋をかけ、船を造り、樹を植え、紵を植え、麻を蒔き、草を蒔き、井戸を掘り、水を引くなど、国のため人のために用いていただきたい。（註14）」『最澄・空海集』36。同じく『最澄　空海』84参照）。

慈円が民衆の生活に関心を持ち、広範囲の読者のために『愚管抄』を俗語で書いたにもかかわらず、（註15）この書物の性格は変わることがなかったと言わざるを得ない。

しかし、重要なことは、このような制限あるいはむしろこの制限故に慈円が様々な現象を歴史の光にもたらすことができたということ、そしてたとえ当時の時代が彼にとって「末代」というような或る否定的なものとして現われたとしても、歴史を或る統一的なものとして考察したということを見ることである。そこで次に探究されるべきことは、彼の歴史把握が歴史物語の形成にとって何を意味するのかということである。というのは、慈円の歴史把握全体が歴史物語の成立を指し示しているからである。

六　『愚管抄』の歴史記述の意味

慈円による歴史物語は、仏教的（天台的）教説においては理論的に基礎付けられていなかったところの実践の原理を明確に立てるという一つの可能性を与えている。というのは、この教説においては、形而上学的世界観がただ悟りによってのみ到達されるべきであるとされる限りにおいて、実践の原理は基礎付けられないままに止まっていると言わざるを得ないからである。慈円はなるほど、この教説の次のことを示す或る原理に言及してはいる。すなわち、「如是本末究境等」（『愚管抄』345、「本をなすもののあり方から、そのはたらきによってあらわれる末の報いまで、それらの帰することはけっきょく同一で真理そのものであるということ」『慈円』323）という原理である。「カナラズ昔今ハカヘリアヒテ、ヤウハ昔今ナレバカハルヤウナレドモ、同スヂニカヘリテモタフル事ニテ侍ナリ。」（『愚管抄』345「過去と現在はかならず呼応しあっており、外見は昔と今では変わっているようでも、同じ一つの筋道でささえられているのである。」『慈円』323）つまり、過去と現在とが常に合致するということ、あるいは外的な変化にもかかわらず同一の規則が存在するということである。しかし、彼はこれを時代の現実的な変化のうちに捉え、そして一種の悟りというようなものとしてではなく、むしろ人物の形成によって遂行されなければならないところの当の時代の実践的課題として立てるのである。この把握において、行為の主体が歴史の主体として現れるということ、実践の原理が理論的に基礎付けられるということが見られる。この把握は、仏教における当時の二つの一般的な潮流(註16)に対して、すなわち、一方では天台宗の正統な教説を伝承していた「本覚」思想に対して、他方では現実を或る呪われたものと捉え、このものからただ祈ることを通じて到達されるべきところの解放を教えていた「専修念仏」の教説に対して、一つの新しい契機を提示しているであろう。前者の潮流は、現実への何らの批判をも持っていなかった。何故ならば、それによれば真理の悟りは汚れた現実のうちにおいても求められるだろうからである。後者の潮流は、現実の意味を何も知らなかった。何故ならば、それによれば、現実を祈りによって去ることが人々に求められだろうからである。両者はいずれも、慈円においては発生的な物語という仕方で捉えられたところの主体と客体との連関を知らなかった。この連関は、客体の没落の過程が主体の次のような態度を喚び起こすところに見られる。確かに没落の過程は「道理」として不可避的である。「トカク思トモカナフマジケレバ、カナハデカククヲチクダル也。」（『愚管抄』326、「一人の人間があれこれと案じてみても、思うようにできるわけではなく、けっきょく世の中はしだいに落ち衰えていくのである。」『慈円』307）しかし、先に繰り返し述べたように、にもかかわらず、この過程をしばらく止まらせるために仏や神の恩恵に値するような人格の持ち主へと自ら形成するという態度が喚び起こされ（『愚管抄』327参照）、そのような態度を採る人間が登場するのである。

この歴史把握のうちに、何故慈円の〈アイデンティティーへの欲求〉がとりわけ歴史物語という形態で満足を求めたのかという根拠を見出すことができよう。歴史における主体性についての把握は、〈アイデンティティーへの欲求〉の表現としてまた根源的な「方向付けへの欲求」に満足を与えたものであろう。慈円は、この満足でもってこの政治的な欲求を正当化することができると信じたのである。

なお残されているのは、次のことへの問いに答えることである。すなわち、『愚管抄』の物語一般が歴史物語と呼ばれうるのかどうかという問いである。この問いへの答えは、「道理」が歴史において「統制的」なものではなくて、実在そのものの総体性をなす構成的なものであるとされる限り、否定的であろう。そのとき、それを「歴史哲学」と名付けることが、次のことに関して考慮されるべきである。すなわち、一つの歴史理論が成立したということ、それはその世界観の閉鎖性故になお学問的な議論の検証にもたらされえないでいるということ、しかしおそらく日本で初めて人間の〈アイデンティティーへの欲求〉に歴史把握という形態で或る統一的な視点のもとに自己を表現する可能性を与えたということである。

註

●「一般人にとっての『般若心経』——変化する世界と空の立場——」

註1　筆者としては自己と世界との関係の構築という問題が近代において取り上げられた一つの例をヘーゲル哲学における「哲学の欲求」および「意識と学」という問題構成に見出している。この点については幸津 1991:110ff.；同 1996:232ff.；同 1999:35ff., 54ff. 参照。人権の思想も同じ文脈において捉えられうる。同 1996:11,241ff. 参照。その他いくつかの例においても同様である。例えば近代日本の戦争における個人と国家との関係について同 2001:12ff.、ナチ体制下のドイツ人の在り方をめぐる歴史認識について同 2005:35ff.、現代日本の状況における茶道の意味について同 2003:20ff.、現代日本における藤沢周平・山田洋次の作品世界の重なり合いに見られる時代小説・時代劇映画への関心について同 2002:6ff.；同 2004:18ff.；同 2006:17ff. 参照。

註2　この方向を推し進めることの延長上に空の立場についての哲学的考察そのものを一つの哲学的立場とした西谷啓治の「空の哲学」が位置付けられるであろう。付論一参照。

註3　一般人への広がりを示す新しいものとして読誦の導きとなるCDを付けたものがある。例えば山名 2001、中村 2004、吉田津由子 2007 参照。読誦入門書とは別に多数の写経練習帖がある。これを読誦と結びつけるようにCDを付けたものもある。例えば公方 2006 参照（ITの進化に伴う変化のスピードの速さが一つの要因とされるストレスを解消させるものとして写経が提示されている。同、「はじめに」参照）。毛筆写経のみではなく、硬筆写経もあり、さらに脳活性化につなげられている（例えば藤堂 2006 参照）。これらには従来から行われてきた経典の内容についての解説も含まれている。その上でここには現代の科学技術のあらゆる成果を踏まえた『般若心経』の教えの受容の

新しい段階が見出されよう。そこには二一世紀の課題の前で既成の仏教を変える「"仏教ルネッサンス"の足音」が聞かれ、「人類が近代科学を経て、ようやく仏陀の精神に近づいた証し」が見出されている（藤堂 2006:8 参照）。テレビで放送されたものをＤＶＤにしたものもある。松原 2006 参照。従来からの専門家による一般人向けの入門書については註５参照。

註４　誰が教えを説いているのかについては伝統的に議論があるようであるが、その点の検討は本書の範囲を越える。真言教学における教主論について松長 2006:19-21 参照。顕教では生身の釈迦とみるとされ、観自在菩薩とする説もあるが観自在は行ずる人であり、説く人ではないと否定されるという。密教では法身の大日如来が釈迦に姿を変えて説いたとする説と釈迦が説いたとする説との両説があるという。両説に分かれた根拠は空海の『般若心経秘鍵』にも後者の説とも窺える記載にあるとされるが、大乗仏教の経典を密教の経典と断定するためには避けて通れない両説の提示だとされる。大宇宙そのものを経典として、その中に仏を見る密教眼からすれば、経典を釈迦が説こうが誰の教説であろうが大日如来の直接の説法に他ならないという。

『般若心経』が四層の建物を想定しているという解釈（宮坂 2004:85-86）が興味深い。すなわち「一階＝幼児レベルのフロア（出発地点）」、「二階＝世間レベルのフロア（世間における自己形成のレベル）」、「三階＝舎利子レベルのフロア（無我を知る小乗レベル）」、「四階＝観自在菩薩レベルのフロア（空を観る大乗レベル）」、「屋上＝仏陀の居るところ（人知を超えたレベル）」。この解釈では観自在菩薩と舎利子との「対話を作り出しているのは釈尊の瞑想」であるとされ、観自在菩薩の上に仏陀のレベルがあるとされ、そこが『「仏説」の位置』であるという。この解釈は、この建物全体を「瞑想」の中でのこととし、観自在菩薩と舎利子との対話も「瞑想」の中でのこととする（宮坂 2004:37 参照）。大乗レベルの観自在菩薩が小乗レベルの舎利子に伝授する構図が『般若心経』の中心場面として設定されたという（宮坂 2004:142-144 参照）。したがって、舎利子はすでに無我の境地を達成したもののやはり超えられるべき小乗レベルに在る者として幼児レベル・世間レベルに位置付けられるであろう一般人をも代表してこの

「瞑想」から位置付けられていることになる。いずれにせよ、「瞑想」の立場が前提されているわけである。

註5　その他一般人に向けた専門家による入門書（現代語訳を含む）は枚挙にいとまがない。本書では内容に立ち入れないが、例えば紀野 1981;1987、鎌田 1986、阿部慈園ら 1990、瀬戸内 1991、宮崎 1993、西村 2002、玄侑 2006 などを参照。宗教上・学問上の専門家の視点からではなく一般人の視点から書かれた例として本文で取り上げたものの他にもいくつかの例がある。

まず大城 1981 が挙げられる。般若心経の「文体」を取り上げ「色不異空」と「色即是空」とについて「否定の否定を出しておいて、あらためて肯定」を出すところに「緻密な心理の計算」があり、「とことん考えつめた修行のしつこさを崇高なものとして顧みた感じをあらわした」ものとしてこの文体は「ほとんど詩的なまでのぎりぎりの確かさと美しさを感じる」という（同 128）。同じく「空不異色」と「空即是色」とにおける「しつこさ」だけでなく、さらに前二者と後二者とのそれぞれの言葉づかいの違いを取り上げる。この違いのうちに「一見絶望の観念にみえる言葉」が「いつのまにかこの上にもない希望の観念に変身してくる」「般若心経の文体からくる絶妙な魅力」を見出している（同 128,132 参照）。最後の真言陀羅尼のうちに「これで終わるということでなしに、あらためて戻って、ひとり唱えつつ旅ゆく」（同 194）呪文を見出し、そこには「永遠の生を求め、死を生き、愛をさぐっていく――求めるものはあり得ないかも知れないけれども、とにかく信じて行くほかはない、その実存の叫び」（同）があるという。空の立場を受容するその仕方のうちに小説家としての独自の感性が躍如としている。

またおそらく一般人の立場から玄奘訳に簡明な解説と訳を付けたものに立松監修 2001（ページ付けなし）がある。真言の部分を一般人の自分たち自身への呼びかけとして次のように「少々異訳」している。「ゆこう、ゆこう、苦しみのまったくないところへ。みんな、幸せになろう。さあ、ゆこう」。この般若心経は我が国初の本格的な写経所である隅寺（奈良海龍王寺）において書写された般若心経を基にしているという。これは「日本仏教の創成期の気概と風格に満ちた記念碑的な経」として「日本最古」とされているのだが、これに対する訳は往時の「むかし」を偲ばせるのみならず、「いま」の一般人の思いの表明としてよく理解できる「異訳」である。

また同じく漢文の読めない日本の民衆にとっては『般若心経』の二百六十二字の全文が意味不明の「ゼロ記号」になっていること自体に解脱の道を求める三田（2007:257）の読み方が興味深い。「意味のわからない言葉を無心に唱える。そこに無我の境地が生じ、人間を苦悩から解放してくれる解脱への道が開けているのです。『般若心経』の全文を唱える時、人は『わたし』というものへのこだわりを捨て、一切の煩悩から離れて、『空』と一体となっている。／それこそが、『般若波羅蜜多』なのです。」

さらに一般人の視点に関わると思われる「理性の限界内」の立場から「色即是空、空即是色」を解釈する黒崎2007がある。「色」と「空」とは「即是」という関係によって結ばれていることによって「不異」であるばかりではなく、同時に「即非」という関係によっても結ばれていることによって「不一」であるという。すなわち、「般若」の思想からすれば「色」と「空」との関係は本来は「不一不異」であり、「色」と「空」とは一つではないが、別異でもないという。その際「不一不異」は「即」と解釈され、「色即是空、空即是色」は「色即空、空即色」となるという（同74参照、「太陽の理解」と「全宇宙の理解」とは「即」の関係にある。同50参照）。真言には理性の限界を越えたおどろおどろしいものの影は認められず、「智慧の完成」が言語ゲームの中における言語的営みであることから「大いなる真言」とは「パロキューショナリー・フォース perlocutionary force」（J・L・オースティン）、つまり「言語行為による力」なのだという（同115-116参照）。このように空の立場が「理性の限界内」の視点から解釈される。この視点には一般人の視点に重なるものがあり、空の立場が一般人にとって理解可能であることが示されている。その際なおこのような理解を遂行する実践の問題は残ると思われる。

ところで、経典が伝統的にはどのように受容されたかという点に関して古典文学における『般若心経』を含む『般若経』の受容についての説明（櫻岡1994）には教えられるところが多い。すなわち、この受容は二つの側面が考えられ、一つは経典信仰にもとづく霊験を語る場合（『霊異記』『今昔物語集』などが挙げられている）、もう一つは経典の教理を述べる場合であり、両者の複合した形態もあること、これらにおいてはその験力を中心にして受け容れられることが多く、難解な教理が正しく受容される例は少数であったこと、しかし、これを邪解とか曲解とかきめつけることができないのは信仰心と表裏一体の関係にあるためであること、経典の信受と教理の正しい理解が経典受容を考えるうえでの問題点の一つであること(櫻岡 1994:165,182,183 参照)である。歴史的には呪文という側面が強かったと理解できよう。

これとは別に歴史上空海など高僧たちによる『般若心経』解釈が積み重ねられてきたことについての紹介として公方 2004 を参照。またチベット仏教法王ダライ・ラマによる解説としてダライ・ラマ 2004 がある。さらにサンスクリット入門を兼ねた入門書もある。例えば本書が多くを依拠した涌井 2002 の他、静 2001、山中 2004a、同 2004b などを参照。

註6　高速度に展開する情報に関して情報の増幅化・倍速化現象の背後に「環境と身体の変質」を見る藤原新也のコメント（同 2006）は示唆的である。環境においては九五年以降「ネット」という新たな情報源が生まれたことに伴う情報の重層化と倍速化が、身体においては情報の過度の飽食および不十分な消化による情報への飢渇が生じており、そしてこれらによる情報の「発火、炎上、燃え尽き」現象が起こっているという。その現象を後押しするものとしてネットの「集合性」があることについて鈴木謙介 2007:206 参照。

註7　このIT化によって生ずる事態は「IT革命」と特徴づけられている。これによって「人間と人間を結ぶコミュニケーションの様式が変わっていく」のであり、「これとともに、従来われわれの生きがいを支えてきた価値観も変わらざるをえない」と言われ、「われわれ皆が情報を持てるようになる」ことがその「正体」であるとされている。西垣 2001:10 参照。

さらにこの事態における「知」の在り方について問題提起されている。すなわち、現代ウェブ社会が「コンピュータ処理できる明示的な知のみにとらわれ、機械情報の爆発と知恵の消滅に向かってとめどなく突進している」とされる。本来の情報は「生命情報」であり、これを人間が記号を用いて社会的に流通させるのが「社会情報」であり、さらに効率的な伝達のために記号だけを独立させたのが「機械情報」であるとされ、ウェブ2・0で検索できるのはこの機械情報だけであるとされる。機械情報の伝達が近似的に社会情報の伝達となる背景にはユダヤ＝キリスト教の、したがって西洋文化の伝統があるとされる。そして機械情報優位の事態に対して「生命情報中心の情報学的転回」が主張される。西垣 2007:173-177,138-139 参照。情報が実体ではなく、生物が世界と関係することで出現するとするところには空の立場と近いものを感じさせる。西垣 2007:15-18 参照。「知」の在り方については「IT革命」を批判する側にも類似した問題意識があるように思われる。すなわち、ITが扱う「知」は「知識」＝「技術知」であって、「知恵」＝「実践知」ではなく、そして人間社会は知識よりは知恵によって動いているという。その場合ITが基づく近代科学の「事実だけから理論を考える」実証主義に対して仏教の空の教えが挙げられている。柳沢 2001:15-16,83-85,200-201 参照。

註8　このことを「総表現社会」と規定する仕方がある。梅田 2006:145 以下参照。

註9　地球温暖化に見られる環境問題は従来捉えられてきた自然の変化を大きく超えた変化であろう。アメリカの元副大統領アル・ゴアの講演を取り上げたドキュメンタリー映画『不都合な真実』（グッゲンハイム 2006）はこの変化の劇的な姿を描いており衝撃的である。「以前は、自然の変化は目に見えるほど速くはないとか、地球はあまりにも広く、力もあるために、人間が大きな影響を及ぼすことはないと思われていたかもしれない。しかし、今や、それは間違いだということが分かったのだ。ゴアは、広範に及ぶ変化が、今や人間を巻き込み、地球は刻々と変化していることを明らかにしている。」（『不都合な真実』パンフレット 2007:4）。自然の変化についてわれわれの捉え方を変えることが求められよう。この点との関連においてIT化がもたらす環境汚染は大きな問題を生じさせているという指摘（吉田文和 2001:21-36 参照）に留意しなければならない。これはITと環境問題との関係が持っている正負両側面のうち負の側面であるという。そこでは四つの問題（使用される化学物質の安全性の問題、洗浄に使われる有機溶

剤やフロンなどの問題、水利用の問題、半導体産業の廃棄物の問題）が挙げられている。正の側面については環境のモニタリング（観測）やモデリングにＩＴを利用できること、環境のためのネットワークづくりにＩＴを活用できることが挙げられている。吉田文和 2001:18 参照。この指摘に従う限り、われわれはそれ自身が環境問題の要因であるＩＴを当の環境問題への対応に役立てなければならないという状況に置かれているわけである。先のドキュメンタリー映画の中でゴアはパソコンを駆使してこの変化の有様を克明に語っているのだが、このことはＩＴ化がこのような認識を可能したということを示していると言えよう。同時にＩＴ化が少なくともその重要な要因の一つであるような変化（この点はこの映画では語られてはいないが）がＩＴ化自身によってはじめて把握されるという「いま」の状況を示している。

註10　インターネットにおける「ブログ」はそのような役割を果たしているようである。「個の信用創造装置・舞台装置としてのブログ」について梅田 2006:161 以下参照。

註11　この点について「不特定多数無限大の良質な部分にテクノロジーを組み合わせることで、その［ネット世界の――引用者］混沌をいい方向へ変えていけるはずという思想」、「オプティミズムと果敢な行動主義」が語られている。梅田 2006:207 参照。この「オプティミズム」については論者たちに共通の認識があるようである。同じようにすでに他の論者（西垣 2001:32-33）も語っている。それによれば、インターネットの本質は「米国特有の〝フロンティア精神〟によって解明できる」という。この精神は「統御支配可能な領域を拡大していく精神」であり、そこには「私的な欲望の追求が普遍的な進歩につながるという楽観的なイデオロギー」があり、「アメリカ的情熱は常にフロンティアを必要」としており、「当面のフロンティア」がインターネットの拓く「サイバーフロンティア」であるという。そこでは社会的大混乱の発生の恐れと同時にＩＴがグローバルな競争社会を加速させるばかりではなく、「ローカルな贈与・互酬経済」による新たな「オンライン共同体」が生まれる可能性についても語られている。西垣 2001:182 参照。ただし、後者の論者によって「米国独特の熱い善意と信念が、ひるがえって他国に脅威をもたらし得るとい

う構図」に気づいているのかと、前者の論者が「ウェブ礼賛論」として批判されている。西垣 2007:94-96,168-170 参照。

註12　ここでのライフスタイルについては、或る個人がネットワークに初めて出会うときなど、ネットワークとはさしあたり少なくとも認識の上では無関係であったものとして想定している。これに対してネットワークとライフスタイルとが相互作用的関係にあるという指摘がある（江下 2000：iii 参照）。この指摘で注目されるのは、時代背景や世代によっても変革の在り方がそれぞれ異なっており、ネットワークもその一つにすぎないという主張である。ここからはネットワークについて相対化する視点を読み取ることができる。すなわち、九〇年代の半ば以降ネットワークが交流の要と見なされるのはネットワークの利点にのみ注目したものであること、そこでの「インターネットを中心にした情報（ＩＴ）革命に乗り遅れた人、とりわけ新技術への適応力が相対的に劣る中高年層を『情報弱者』呼ばわりすることもあるが、これはあまりにもテクノロジー中心の発想である」こと、「どの世代に属する人であろうと、なんらかの変革を受けて」おり、「ライフスタイルや人脈などは絶えず変革との相互作用をおこなっているのであり、特定の年代・世代だけが例外的に変革の荒波にさらされたわけではない」こと、「〈人間関係市場〉はネットワークだけではない」という点からすれば、「変革の洗礼を受けたことのなかった世代にとってこそ、現在進行中のコミュニケーション革命は不可避の問題」であることである（江下 2000:264-266 参照）。この主張にもかかわらず、「情報弱者」呼ばわりについてはともかく、それぞれの世代や個人なりの人間関係の在り方にも「現在進行中」のＩＴ化が強い影響を及ぼしていることは確かであろう。犬が人間の八倍のスピードで時間をすごしているのと同じく、これまでに比較すると八倍くらい速いペースで進む故に「ドッグイヤー」と言われるＩＴの技術革新を前に「時代にとり残されることへの不安」について五木 2005:156-178 参照。

註13　この点は次のようにビジネスの問題として捉えられている。「Ｗｅｂ２・０をビジネスに取り入れるとき、それがユーザーにどんなメリットを与えることができるかを考えると」「５つの法則が見えてくる」という。「１．いつ

でもどこでも使える」、「2．『共有』から価値が見つかる」、「3．企業からユーザー主体へ」、「4．趣味は実益を兼ねる」、「5．マスとニッチの関係が変わる」。神田 2006:27-44 参照。

註14　ネット世界の新しい「三大法則」の第一に「神の視点からの世界理解」が挙げられている。「検索エンジン提供者は、世界中のウェブサイトに『何が書かれているのか』ということを『全体を俯瞰した視点』で理解することができる。そしてさらに、世界中の不特定多数無限大の人々が『いま何を知りたがっているのか』ということも『全体を俯瞰した視点』で理解できる」という。すなわち、この世界理解は「厖大な量のミクロな『動き』を『全体』として把握すること」であるとされている。梅田 2006:34-36 参照。検索システムの管理者は「司祭」であり、そしてその未来の姿は「神の遍在」であるという。佐々木俊尚 2006:202,242 参照。ただし、この管理者もまた一つの企業にすぎず、その管理下の情報が政治からの圧力によって変えられることも起こっているという。同 223 以下参照。

註15　本来の意味の「ハッカー」もこれに当るであろう。ハッカーたちがシステムを支える場合の態度として民主的な態度が強調されなければならないだろう。「一部の権力者、すなわち政府や大企業だけがコンピュータを所有し、情報を独占している」状況に対して、彼らは「市民の一人一人がコンピュータの能力を享受できなくてはならないし、情報は共有されるべきなのである」（古瀬・広瀬 1996:11）と主張するという。ここに「ハッカー倫理」が成立するとされる。この倫理によれば、インターネットとは「なにより情報がオープンで、かつ民主的な意思決定システム」であるとされ、そして「何者かが権利を持ち、それが規格として成立した瞬間、権利者に大きな利益をもたらすものは規格として採用されない伝統もある」（同 20）という。「ハッカー文化の特徴」は「そこにいる全員がボランティア精神にのっとったプロジェクトの参加者であること」（同 40）にあるという。インターネットの文化をつくりあげる原動力となったものとしてベトナム反戦運動や学生運動に端を発する反体制運動が捉えられ、ハッカーたちの気分を象徴するものとして、当時の歌、ジョン・レノンの“Power to the people”が挙げられている。これは「コンピューティングパワーを、民衆のもとへ」という文脈で理解されている（同 44-45 参照）。ここには民衆にとってそれまで

与えられていなかった「パワー」を獲得することの正当性への主張が見出される。この「パワー」概念については別に検討される必要があろう。イリイチの思想に影響を受けているという彼らの「パワー」概念とイリイチのこの概念との関係について吟味される必要があろう（註 27 参照）。「ハッカー」という語が元の意味とは違う使われ方をしている場合、本来の彼らから見ると「ネットワークに侵入して犯罪をおかす危険人物」は「クラッカー」あるいは「パイレーツ」と言われる。古瀬・広瀬 1996:2-3 参照。ここにあるのはネットによる民主主義への期待であるが、これに対してはその現実について、とりわけ「一極集中」について批判がある（註28参照）。

註16　インターネットにおいて技術的なアーキテクチャーが支配的になり、それによって「人の振る舞いや思考までも規定」され、ネットワーク空間においては「主体性のある思考」は育みにくいという。森 2006:220,248 参照。ここに当の空間内部に生きる個人にとっての困難があろう。別の論者によっても、情報化の中で個人が判断することがなく、「宿命」として未来が定められてしまうかのように見える事態が捉えられている。しかし、関係の変化によって「宿命」が書き換えられる可能性に宿命論的な情報化の世界を生きる希望があるという。閉じられたかに見える「宿命」が他者との関係へと向けられているという立場が「関係への〈宿命〉」と捉え直されているわけである。つまり、システムの内部での「宿命」を超えるものとして他者との関係が位置付けられていると言えよう。鈴木謙介 2007:238,240,256 参照。ここには一般人である個々人にとってのネット社会の困難が「宿命」という形で捉えられている。そしてそれを超えるものとして改めて「関係」が取り上げられているのだが、このことは空の立場から見るならば当然のこととなろう。註28参照。ネット社会の困難として、インターネットの普及にともなって生ずるセキュリティおよび倫理などの問題について、佐々木良一 1999、石田 2004 を参照。また子どもたちの成長への影響が懸念される中でのインターネットと子どもの生活実態・コミュニケーション不全・ネットの危険性・家庭における対策・新たなコミュニケーションのあり方と親子関係という点をめぐって尾木 2007 を参照。

註17　例えば受験シーズンになるとあちこちの「天神」社では個人の願い事が書き込まれた多くの絵馬が奉納される。

天神にとって非常に多様な願い事に応えなければならないので忙しいことであろう。或る天神社では次のような願い事が絵馬に書き込まれている。（この願い事をする個人の思いを深く受け止めるために以下に取り上げる絵馬の奉納者の方々にそれぞれの絵馬から抜書きすることをお許し願いたい。言うまでもなく、抜書きの文責は筆者にある）。大学・大学院（志望大学・大学院志望学部・研究科・専攻、現役など。「［大学名］University. M.A. of［分野名］」というように外国大学も含まれる）合格祈願（「人生の分れ目なのでぜひとも合格させてください」）が多いが、合格祈願も多様である。幼稚園・小学校・中学校・高校、種々の国家試験（司法・医師・歯科医師・公認会計士・社会福祉士・税理士など）、公務員・教員採用試験、入社試験（「自分にあった会社から内定がいただけますように」）などが見られる。その他の願い事もある。成績向上（「勉強ができるようになりますように」「英語の成績が今よりもっとよくなりますように」「せいせき《（ママ）》が上りますように」「期末テストがうまくいきますように」）、進級（「5年生になれますように」「高2になれますように」）、習い事（「ぴあの《（ママ）》がうまくなりますように」「バイおりん《（ママ）》がうまくなりますように」など）、職業（「パイロットになれますように」）、願い事一般（「学業成就、恋愛成就、絶体《（ママ）》成就」「文才の向上」「良好な友人関係」「世界が平和でありますように」「家族皆が健康ですごせますように」「自分の進むべき道を歩いていけますように」「合格し、自立できますように」「やせますように」）などである。本人の態度表明（「I will try best and I make it in!!」「あと少しの残りの時間は大切に勢《（ママ）》いっぱいがんばります」「目標に届くように日々の精進を」「がんばれ、自分」）もある。本人のものばかりではない。父母・兄姉・祖父母のもの（「娘の長い間の準備が実り、［大学名など］に合格できますようにお願いします」「［本人の名前］さん、三年間頑張ったのできっと神さまはほほえんでくださいますよ」「孫が希望校へ合格出来ます様に祈ります」）も多い。また外国人名のもの（外国人で日本の漢字文化に取り組んでいる人のために書かれたと思われるもの。「MAY［本人の名前］FIND TRUE KANJI-WISDOM AND HAPPINESS」）もある。これらいくつかの願い事の中から浮かんでくるのは、「いま」を生きる一人ひとりの個人が受験などの機会に「自己」の在り方を探求しているということ（周囲の人々がその個人のために「自己」の確立を祈っているということも含めて）である。そこには「いま」の状況のもとでの個人が自己と世界との関係を構築するのに天神のような人間を超えたものの働きが求められているわけである。

ちなみに「神社分類」についての前例のない試みとされる研究、すなわち全国の神社約七万九千を祭神に注目して分類し分布を明らかにした研究（岡田荘司（国学院大・神道史）らのグループ）によれば、天神信仰は（一位八幡信仰七八一七社、二位伊勢信仰四四二五社に次ぐ三位の）三九五三社（九州が全体の四割を占め、西日本で七割弱）あるという。記事「神社分類」、朝日新聞二〇〇七年二月二二日付参照。地域によって社の数に違いがあるとはいえ、おそらく全国の広範な地域における四千近くの天神社で受験シーズンには上記のような絵馬が奉納されているのであろう。このように人間を超えたものへの信仰を伝統的な仕方で表わすという態度があらためて個人によって採られることも多い。そこでは一つひとつ手書きで願い事が書き込まれる。つまり技術的に高度化された日常生活の中で、それとは反対の最も原初的な仕方で、つまり言葉というものにとって最も根本的な仕方で表現されるのである。そのことにその願い事の真剣さが現われている。このような態度もまた新しい状況のもとで新しい形で求められているのであろう。それだけ求められる主体の態度への要求も高度化するわけである。

ところで天神信仰はもともと怨霊信仰という神仏習合の典型であり、その前史として王権がみずから御霊会を主催して般若心経などを説かせ御霊の反逆心を護国心に転化させようとしたほど民間にあった反王権の運動のシンボルであったという。天神は平将門の乱では八幡とともに王権に反逆する神として動いたようである。しかし、王権側は天神に対して社殿や官位ねだりにまでめざすところを堕落させ結局天神を王権守護神に変節させることに成功したという。義江 1996:89-131 参照。王権と反王権とのせめぎあいの中で般若心経も天神も（八幡と並んで）それぞれの役割を果たしていたわけである。「いま」の日本において現われている世界の状況のもとではそれらは文化的伝統一般のうちに並存しているように見えるのだが、それぞれの歴史的位置付けを考慮すると文化的伝統の奥行きを感じさせ、われわれの態度決定の背景となるものとして興味深い。

註18　このような手がかりは「思想・良心・宗教の自由」を主張する人権の思想の立場が与えている。この点については幸津1996:59参照。ただし、人権の思想の立場はなお形式的に止まっており、そこでは批判的吟味をどのように内容的に展開するかという課題が残されている。

註19　金岡は原語「ルーパ」・「シューニャ」および漢訳語「色」・「空」を踏まえて原語からの前掲訳とは別訳を提示している。「眼で見えるものは実有でなく、実有でないものが眼に見えるものである（色性是空、空性是色＝法月訳）。眼で見える［もの——引用者］は実有でないものに異ならず、実有でないものが眼に見えるものにほかならない（色不異空、空不異色）。眼に見えるものが実有でないものであり、実有でないものが眼に見えるものである（色即是空　空即是色）」（『般若心経』金岡校注87-88）。第二段の「色不異空。」（色は空に異ならず）／「空不異色。」（空は色に異ならず）については玄奘訳は書き下し文に関する限り、サンスクリット原文と順序が逆になっているようである。この点について学問的根拠に基づいた研究にも言及したものは見当たらない。しかし、各現代日本語訳はサンスクリット原文に忠実であると思われる（ただし、金岡校注の別訳の第二段は書き下し文と同じ順序になっている）。原文で主格はsunyata、rupamであり、したがってこれらが主語である。各現代日本語訳に従えば主語はそれぞれ「空性」・「色」（涌井訳）、「実体がないといっても、それは」・「物質的現象」（中村・紀野訳）、「無実体」・「もの」（金岡訳）である。つまり、これらの訳では、主語が玄奘訳の書き下し文とちょうど順序が逆になっているのである。サンスクリット原文と対応させて句の意味を捉えるならば、二つの書き下し文の順序を入れ替えて「空は色に異ならず」・「色は空に異ならず」となる。玄奘訳の漢字の順序を維持し、かつこれをサンスクリット原文と対応させるならば、例えば「色に異ならざるは空なり」・「空に異ならざるは色なり」というようになる。このような書き下し文が可能なのかどうかという点については筆者の能力を越えている。不思議なことに伝統的に引用のような書き下し文になっており、これが継承され続けている。サンスクリット原文との対応をめぐってこの伝統的な書き下し文に疑問が持たれなかったのは不思議である。

残念ながら漢文原文の書き下しについては筆者の能力を越えているけれども、以下玄奘訳以外のものについてサンスクリット原文との対応に留意しつつあえて試みてみたい。他の漢訳六種のうち玄奘訳と同じ訳文のものは四種すなわち、法月・般若三蔵など・智慧輪・法成訳、異なるのが二種すなわち、鳩摩羅什訳（「非色異空。非空異色。」試みに書き下せば、「色と異なるにあらざるは空なり。空と異なるにあらざるは色なり。」）、施護訳（「色無異於空。空無異於色。」試みに書き下せば、「色と異なることなきは空なり。空と異なること無きは色なり。」）である。漢訳出典、中村 2003:174-180。サンスクリット原文に忠実に三段に訳しているのは法月・智慧輪訳のみであるが、第二段を玄奘訳書き下し文とは異なって上のように書き下し、各現代日本語訳を参考にして内容を理解するならば、三段全体も一つの文脈のもとに理解できる。

ところでチベット語版はいわゆる大本であるが、玄奘訳の「色不異空　空不異色　色即是空　空即是色」の部分に対応する部分は玄奘訳の書き下し文とは異なり、「色は空であり、空は色である。空は色とは別のものではなく、色もまた空と別のものではない」となっていて、サンスクリット原文第一段・第二段に対応している。しかし、玄奘訳ではサンスクリット原文第一段が欠けているのに対してチベット語版では同第三段が欠けている。同第二段に対応する部分は玄奘訳の書き下し文とは異なり、サンスクリット原文に文法上対応している。ダライ・ラマ 2004: 78 参照。

註20　この点について、中村はヴェーダの祭儀に特有な術語が『般若心経』のうちに用いられているということのうちに、般若経典でさえも、ヴェーダの宗教ないしバラモン教の影響が存するということを証するものであるという（中村 2003:166 参照)。ここでリグ・ヴェーダにおける宗教について考慮されるべきであろう。この点についてのゴンダの説明が興味深い。それによれば、宗教の目的は人間の側からの神々への働きかけによってこの世と来世での幸福を願うものであったようである。すなわち、それは「後世インド人の定義によれば、最も広い意味で、この世と来世での安寧・福祉を願うことであり、祭式は、また出来る限り広い意味で、上記の目的を達成する手段である。もし、有益な勢力をそのままの状態にしておきたいと思えば、その勢力の維持に手を貸し、供犠・言葉（讃歌、祭詞、神譚）・

祭祀行為によって潜在力を増強しなければならない。『神々の勢力を増長せしめよ。されば、彼ら汝を繁栄せしめん』――これが心中深く観念され、のちにはっきりと言葉で表明される。／なるほど、人々は神々を讃美した。しかし、讃美は勢力増長のための一形式であり、人々もこのことを承知していた。言葉と祭祀行為とで潜在力を意のままにできると考えた」（ゴンダ 1990:13-14）。この場合、注目されるべきことは、その思想傾向として古代以来インド人の思想には知性を超えたものへ直観知によって向かうという態度が見出されるということである。「初期のインド人たちにあっては勢力への信仰、勢力に対する恐れ、勢力の制御に役立つ祭祀、秩序と法則性の観念などに加えて、その作用に気付きながらも姿かたちは人間の知覚を超えた勢力と、直接交流しようとする傾向が著しく認められる。人間を取り巻く優勢な自然に対して、ごく限られた生活環境がどの程度影響を及ぼしたか、また以前からインドに居住していた先住民たちの、何事につけ忘我を好むらしい資質がどの程度影響したか、明らかでない。はっきりしていることは、初期のインド人たちが独自の思想や空想に閉じ籠もる傾向を持っていたこと、思慮や理解を超えたものに対しては、体験で得、知性で確かめた直観知を何にもまして愛用したことである。それはヴェーダ文献の比較的古い部分に現われている。事実、知性の及ばない、意識下から湧き上がる表象や霊感が、すでに早い時期、インドのアーリア人たちの間に権威を持っていた。慧智への道は知性によらず、知性を超えた最高級の直観によるという現代インド教徒の確信も、非常に古くからインドに存在している」（ゴンダ 1990:17-18）。この見解に従えば、『般若心経』の真言の呪術性は古来のインドの思想的伝統のうちに根源が見出されるであろう。

註21　筆者は人間のこの存在性格を人間の意識のうちに見ている。幸津 1996:247 参照。

註22　それとの関連において仏教的立場に時間的なプロセスについての観念が欠けているという。「仏教のもっているいちばんの欠陥は歴史意識の欠如なのではないか」（立川 2001:217）。この点に関連して慈円の『愚管抄』に即しての論究（付論二）参照。

註23　現代日本語（松本）訳では「行行」が「小乗」の境地へ、「去去」が「大乗」の根源へという方向付けがなされ

る点で松長による大意とは解釈に違いがあるようだが、松本訳においてもまた個人の態度に悟りへの可能性を見るという点では共通であろう。「行行」の句について、真言を体得した者がさらに他の者を真言の境地に誘うこととする解釈もある。「自分一人だけが悟りの深き世界に参入するのではなく、生きとし生けるすべての衆生をもその深遠な世界に誘う。即身に悟りを体現した人はその存在が多くの人の共感を呼び、その深き世界に誘うことができると空海は説く。」阿部 2004:175。ただし、「去去」についても同じような解釈はなされていない。

註24 「大綱序」のこの部分が空海自身の文章であったかのかどうか議論があったようである。松長によれば、明治四五（一九一二）年以来この部分が中国唐代中期の天台宗僧明紘の『般若心経疏』からの引用であるとの説があったが、これにはこの書が偽作であるとの反論があったという。空海（松本訳 1983:373）・金岡（1986:67）や松長自身を含めて引用説に従う者があったが、最近改めて偽作説が主張されたという。この文章が「空海独自のリズムと文体」を持ち、明治以前の注釈書には引用説はなく、空海は他人の論を利用することもないという。これらの理由から松長も偽作説を受け容れている。松長 2006:92-94 参照。なお阿部龍樹 2004:45 はこの点には触れておらず、空海自身のものとしているようである。すなわち、「大綱序」の文章が「空海自身の経験から吐露された文章であり心の叫び」であるとしている。この点について判断することは筆者の能力を越えている。しかし、筆者としてはこの文章を空海自身の立場の端的な表明として受け止めたい。それは、一般人（としての筆者）にも届く言葉であり、それなりに受け止めることができる言葉である。

註25 放送時のエピソードとそれへの高神の感想が興味深い。「昭和九年の春、ＡＫから『般若心経』の放送をしている時でした。近所の八百屋《やおや》さんが宅へ参りまして、家内に冗談のように、『この頃は毎朝、お宅の先生のラジオ放送で、空《くう》だの、無だのというような話を聞かされているので、損をした日でも、今までと違ってあんまり苦にしなくなりました』といって笑っていたということですが、たとい、空のもつ、ふかい味わいが把《つか》めなくても、せめて『裸にて生まれて来たになに不足』といったような裸一貫の自分をときおり味わってみることも、また必要かとおもうので

あります」（高神 1952=2006 改版 :91）。中村・紀野訳註解題においてこの講義が一般向け文献として挙げられている。「現在通俗的講義として特に有名なのは高神覚昇師『般若心経講話《ママ》』（角川文庫）である」（同 183）。中村 2003 においても「師」が削られ「特」がかな書きされ誤記が訂正され出版年（一九五二年）を付けた上で挙げられている（同 195-196 参照）。「文献案内として最低限の改訂は加えてある」（堀内伸二、同 198）とのことである。高神著はすでに刊行後五十年以上を経ているが、中村による位置付けは変わっていない（一九九九年の没年時点で刊行後四十七年）ということであろう。この評価は一般に承認されているようである。岩波文庫本の共訳者紀野一義も高神著の解説で高く評価している。「高神師の講義は丹念をきわめている。般若心経に関する講義としては今日なお、これを超える著書を見ないのは偉とするに足りるであろう。」（高神 1952=2006 改版 :234）

註26　柳澤は玄奘訳の対応部分の文章の順序を入れ替えている。この点については本書では触れない。なお「色不異空空不異色」の「心訳」は玄奘訳の書き下し文に基づいている。この書き下し文とサンスクリット原文との違いについては前掲註19参照。

註27　インターネットでは、「世界政府」について語られるにせよ、「リベラルで開放的ですべてを共有していて中央がない」（梅田の発言）という。そこに「脱中心的な構造」（梅田の発言を受けての平野の発言）を見出すこともできるようである。梅田・平野 2006:140-141 参照。このことは政治的な意味で主張されているというよりも、そもそもインターネットが成立するためには不可欠の技術的な前提になっているようである。このことはすでに日本におけるインターネット創出をリードしてきた村井純の見解においてずっと以前に表明されたことである。「設計の立場からは、世界中のコンピュータをつなぐことを前提としています。少なくともそこまでの規模に耐えられる技術や仕組みがどうしても必要なのですが、そのためにはインターネットが『分散型』の仕組みであることが大切です。それは、どこかに『中心』があって、その中心が全体をすみずみまで制御するという『集中型』の仕組みではこの前提のようなネットワークが世界大の規模でどんどん成長していく場合に耐えられないからです。」（村井 1995:15）

さらにインターネットの人類共通の意義が強調される。すなわち、インターネットは「自律分散性」に基づいて「グローバルなコミュニケーション」の基盤となる「人類共通の、誰のものでもない『みんなの』インフラストラクチャー」をつくり出したという（同 1998:43-45 参照）。日本の初期インターネットを形成してきた村井をその一人とするハッカーたちの活動については古瀬・広瀬 1996:30 以下参照。この方向付けについてイリイチの『コンヴィヴィアリティのための道具』を読んでハッカーたちが感銘し、パーソナルコンピュータをつくったという。古瀬・広瀬 1996:6,187 参照。イリイチは権力集中の方向にある「産業主義的な生産性 industrial productivity」に対して脱中心の方向にある「自立共生［コンヴィヴィアリティ］conviviality」という概念を対置する。前者は「機能の専門化と価値の制度化と権力の集中 centralization of power をもたらし、人々を官僚制と機械の付属物に変えてしまう」(イリイチ 1989:xiv-xv/Illich 1973:xii) とされる。これに対して後者は「相互依存」における「個的自由」として次のように説明される。「私はその言葉に、各人のあいだの自立的で創造的な交わりと、各人の環境との同様の交わりを意味させ、またこの言葉に、他人と人工的環境によって強いられた需要への各人の条件反射づけられた反応とは対照的な意味をもたせようと思う。私は自立共生とは、人間的な相互依存のうちに実現された個的自由 individual freedom realized in personal interdependence であり、またそのようなものとして固有の倫理的価値をなすものであると考える」(イリイチ 1989:18-19/Illich 1973:11)。「コンヴィヴィアリティ」の訳語について「自立共生」などでは原語のニュアンスが伝わってこないとして「共愉」という訳語が提案されている。古瀬・広瀬 1996:189-190 参照。訳語はともかくここでの方向付けは明確である。すなわち、「産業主義」における「中心」主義に対して、これの強制を超えて「コンヴィヴィアリティ」における「脱中心」主義を実現させることである。問題はインターネット社会がそのような「脱中心」主義を実現するのかどうかである。そこには「一極集中」(註28参照)が生じている。この事態をめぐってイリイチに影響を受けたというハッカーたちが民衆の「パワー」を主張するとき、果たしてイリイチの著書からの引用中の「パワー（権力）」概念を正しく捉えていたのか、彼らの概念がイリイチによって批判されている「パワー」を結果として容認することになってはいないのかどうかが問われよう（註15参照）。

註28　情報の多様化のもとでかえって特定のシステム管理者への「一極集中」という逆の事態になることへの森（2006:249-250）の指摘は示唆的である。「人びとは果てしなく広がる情報をもてあまして、アマゾン的なパーソナライゼーションに進むだろうし、求める情報はグーグルが提示した数千万個のうち上位十数個しか見ないだろう。情報の多様化がすればするほど、どうしても最適化された一極集中の情報を摂取せざるをえないのだ。」ただし、この事態に対して必ずしも悲観一色に染まることはないという。すなわち、よりよい解決を導く方法論もやがては現れると考えるほうがよほど建設的であり、「スケールフリー・ネットワークによって一極集中が進む社会にあって、いかに多様性や異質性を汲み上げていくか」に留意しなければならないとし、「そのときに、一極集中的な思考を回避し、多様性を認知しつつ、主体性ある思考を貫けるのか」という点で「群衆の叡智」の真価が問われているとしている。ここでの問題点は、一極集中が進む中でこの事態を乗り越えるべく当の答えとして求められている「主体性ある思考」が前提されていることである。しかし、まさにこの「主体性ある思考」がどのようにして成立し確保されうるのかが問われるべきであろう。本書は空の立場を手がかりとして、「主体性ある思考」の成立根拠を探求したい。

註29　ここでの一回的な出会いについては茶道における「一期一会」が想起されよう。「一期一会」は茶道なりの仕方で人間一般の自己と世界との関係をどのように構築するのかという点を示している。この点については幸津2003:60以下参照。

註30　人間以外の個別的な存在者については別に考察する必要があろう。存在者一般の中での人間の位置付けをめぐっては、人間中心主義批判をどのように受け止めるかという点に関連して幸津1996:246以下参照。

註31　空の立場における集団的実践の理論構築の課題についての立川（2003:336）の指摘は、一般人の立場から見て困難ではあるが、空の立場を人間の次元で実在化するために示唆するところが多い。「空の思想は、人間たちが自分

たちの生活のより一層の快適さや便利さを求めて、無制限に自分たちの力を使用することに疑問を投げかける。一人ひとりの人間が自己の欲望の行方を見定めなくてはならないことは当然であるが、人類全体も自らの望み得ることを見定めるために、『自己否定』を行う必要がある。このような意味の集団的実践については、空の思想はこれまでの歴史において具体的、総括的な理論の構築をしてこなかった。これこそが今後の課題であると思われる。」

● 「付論一　実践の原理に関する空の立場――西谷啓治の「空の哲学」を手がかりに――」

註1　本論は、拙稿 Kunio Kozu: Der Standpunkt der Leere im Hinblick auf das Prinzip der Praxis. In: Philosophisches Jahrbuch. 92.Jahrgang 1985・2.Halbband.386-395 の日本語版である。

註2　西谷 1961。ドイツ語版は日本語版に必ずしも一対一で対応しているわけではなく、両者の間にはずれているところもある。しかし、ドイツ語版への断り書きにあるように同版も著者の校閲を経ているものであり、日本語原文とは相対的に独立している部分があるとは言え、同じく西谷自身の著作と言いうるであろう。そこで本章では論旨の上からドイツ語版にのみ登場する表現や用語説明にも依拠して論述した。引用の後に日本語版／ドイツ語版のページを掲げた。日本語版のページが書いていないものは、ドイツ語版にのみ登場する表現や用語説明である。

註3　ここでは、西谷が批判している無の理解、すなわち、存在の「否定」としての無という理解が問題となっている。自己存在（「現存在」）は無のうちへ「差し懸けられて」いるというハイデガーの言葉にさえ、西谷はなおそのような考え方の痕跡を見出している（108-9/169f.）。

註4　西谷は鈴木大拙のテーゼを引用している。Suzuki 1958: 80f.

註5　Abe 1971: 39. Waldenfels 1976:143 に引用。

註6　西谷のこの言説は、個物相互の差異性についてのライプニッツの見解（モナドロジー 9［Leibniz 1956:28］［邦訳：219］「各の單子は他の各の單子とは異なつてゐる筈である。實際自然の中に於て二つの存在が互に同じやうであつ

てそこに内的差異即ち内的規定に基づく差異を認めることができないといふことは決してない。」）を想起させる。西谷はなるほど「永遠のモナド」（292/398f.）としての瞬間について述べるが、しかし、ライプニッツの立場についてのその意見を直接的かつ明瞭に表明することはない。「回互」という彼の見解に基づいて「予定調和」が相互に関係しない諸モナドに内在的でない限りにおいて、おそらく彼はこの理念を拒否するであろう。

註7　西田 1966: 148.『日記』明治三十八年七月十九日（水）。Waldenfels 1976: 53 に引用。

註8　道元 1970: 294「第二十五　渓声山色」、［文庫版］同（二）1990:117.［現代語訳］1971: 446.

註9　禅仏教一般におけるこの事柄についてはIzutsu 1979:86 を参照。

註10　類似の問題構成がヘーゲルの『差異』書に見出される。「絶対者は夜である。光はそれよりも若い。両者の区別、夜からの光の登場は絶対的差異である。夜がすべての存在、有限なもののすべての多様性がそこから生まれ出る第一のものである。――哲学の課題はまさに次のことのうちにある。これらの前提を一つにすること、存在を非存在のうちへ――生成として、分裂を絶対者のうちへ――現象として――有限なものを無限なもののうちへ――生命として置くことである。」（GW 4.16）

●「付論二　歴史物語としての『愚管抄』――実践の原理をめぐって――」

註1　本論での「物語」・「歴史物語」という用語は、リューゼンの論文を手がかりにして用いている。リューゼンRüsen の論文への参照は、Rüsen として本文中に表示する。リューゼンにおいては、物語一般の中で、「歴史物語」の学問性が問われ、それを構成する要素に関心が集中している。ここでは、リューゼンの規定を手がかりにしながらも、そのまま用いるのではなく、より広い意味で用いている。その場合、日本におけるいわゆる〈歴史物語〉も含まれるし、またそれに限られずに、物語が歴史に素材を求めたときに成立するものとして広い意味で用いている。〈歴史物語〉および『愚管抄』における記述の形式の区別については、大隅 1999:103-105 参照。「物語」一般については「物語る」

という仕方で過去に何らかの意味付けをするという点に関して「物語」を「経験の解釈装置」として捉える野家啓一の議論が参考になる。同 1990:63 参照。集団的あるいは個人的な仕方での「むかし」の経験の解釈という広い意味では、歴史上の文献についての研究や緩やかに歴史上の出来事あるいは人物に題材を求めたいわゆる時代小説ないし歴史小説（およびそれらについての言説）も対象としては含まれることになるであろう。その解釈の試みとして、近代日本の戦争における個人と国家との関係について幸津 2001 で、また時代小説について藤沢周平の作品を手がかりに幸津 2002;2004:2006 で述べた。

註2　例えば『日本史小辞典』186、『哲学事典』561 参照。この点は最近では緩やかに「歴史書」（[大隅和雄]『岩波哲学・思想事典』379）と規定されている。

註3　例えば多賀 1959:148-149、原田 1965:118, 122-123、赤松俊秀「解説」岡見／赤松校注 1967:19 参照。

註4　例えば大隅 1999:112、尾藤 1963:36-37、石田一良 2000:192 参照。

註5　武家政権に対する慈円の二面的な評価については、多賀 1959:157-158, 167 以下 , 172 以下参照。

註6　『愚管抄』の成立事情および年代については、石田一良 2000:13-54 参照。

註7　内容の区分および個々の部分の意味については、大隅 1999:102 以下参照。

註8　「皇帝年代記」という当時の公家にとっての歴史認識の枠組みについては、大隅和雄[補注]、永原編 1971:467 参照。

註9　慈円の理想としての「天皇・摂関・武家の三者和合」については、石田善人「『愚管抄』の自然法爾」田村／黒田／相良／源編 1974:174 参照。

註10　ここで主体―客体の「弁証法」を述べることは、慈円の思想を余りに近代的な主体と客体との関係の把握に近付けて理解しすぎるという批判があるかもしれない。しかし、ここでは、世界が「末代」であって、その趨勢に逆らうことはできないけれども、にもかかわらずそれなりの仕方でこの世界に対する人間の実践の在り方が問われている限りにおいて、或る種の主体と客体との関係を読み取ることは可能であろう。この点をめぐって、『愚管抄』の主旨の

うちに末代には末代なりの在り方があることということを見出す石田一良の解釈は、示唆的である。すなわち、「器量ある人が天下の政治を執れば、――末法には末法にふさわしい仏教があって、それに従えば末法劣機の衆生も仏の救いにあずかることができるように――末代は末代ながらに世は穏やかに治まるであろう、さもなければ、日本は百王を待たずに滅亡するであろう」(石田一良 2000:191) ということである。

註11 「末法」については、大隅によれば「日本では永承七年［一〇五二］を末法到来の年と考えていた」(NM 9:319) という。慈円もまたこの点は同様に考えていたと見做されている。ただし、「末法」思想に基づいて『愚管抄』が書かれたというこの書の性格付けについては疑われている。尾藤 1963:34 参照。

註12 「王法」と「仏法」との統一については、多賀 1959:140 参照。

註13 「王法」と「仏法」との統一という理念(「王法仏法相依論」)の歴史的展開については、黒田俊雄「王法と仏法」田村／黒田／相良／源編 1974:150-151 参照。

註14 「修業した結果得られる功徳を自己一身が受けることなく、あらゆる衆生にも与えて、ともに菩提を得ていきたいという大乗仏教の根本たる願い」を「自己自身のもの」とした最澄の願いについては、田村晃祐「日本仏教の脊梁・最澄」、福永編 1977：10 参照。また Petzold 1982:433-434, 455-456, 484 参照。

註15 慈円の個人的態度としての民衆への関心について、また俗語による表現の仕方について、多賀 1959:182-183 参照。

註16 二つの潮流の対立については、田村芳朗「本覚思想と天台口伝教学」田村／黒田／相良／源編 1974:134-135 参照。これらの潮流への批判のうちに鎌倉仏教における慈円の思想史的位置が示されるであろう。末木 1996:199-203, 210 参照。

文献目録

●「一般人にとっての『般若心経』――変化する世界と空の立場――」

1　本書の対象とした古典と基本文献

『般若心経　金剛般若経』中村元・紀野一義訳註、岩波文庫、1960＝2001改版（引用は2001改版による）
中村　元2003『般若経典　現代語訳大乗仏典1』東京書籍
『般若心経』金岡秀友校注、講談社学術文庫、2001
空海『般若心経秘鍵』松本照敬訳注、『弘法大師空海全集　第二巻』筑摩書房1983,347-376（引用は松長2006:「第II部　本文解説」81-2による）
涌井和2002『サンスクリット入門　般若心経を梵語原典で読んでみる』明日香出版社
新井満2005『自由訳　般若心経』朝日新聞社
高神覚昇1952＝2006改版『般若心経講義』角川文庫（引用は2006改版による）
水上勉1991『「般若心経」を読む――『色即是空、空即是色』――愚かさを見すえ、人間の真実に迫る』ＰＨＰ文庫
柳澤桂子2004『生きて死ぬ智慧』堀文子画、小学館

2　研究文献

阿部慈園・石元泰博・真鍋俊照・高橋秀榮1990『あなただけの般若心経』中村元監修、小学館

阿部龍樹 2004『空海の般若心経』春秋社
石田晴久 2004『インターネット安全活用術』岩波新書
五木寛之 2005『不安の力』集英社文庫
イリイチ、イヴァン 1989『コンヴィヴィアリティのための道具』渡辺京二／渡辺梨佐訳、日本エディタースクール出版部［Illich, Ivan: Tools for Conviviality. New York 1973］
梅田望夫 2006『ウェブ進化論―本当の大変化はこれから始まる』ちくま新書
梅田望夫・平野啓一郎 2006『ウェブ人間論』新潮新書
江下雅之 2000『ネットワーク社会の深層構造』中公新書
尾木直樹 2007『ウェブ汚染社会』講談社＋α新書
大城立裕 1981『般若心経入門　自由自在に生きる　266文字の知恵』光文社カッパ・ブックス
金岡秀友 1986『空海　般若心経秘鍵』太陽出版
鎌田茂雄 1986『般若心経講話』講談社学術文庫
神田敏晶 2006『Ｗｅｂ２・０でビジネスが変わる』ソフトバンク新書
グッゲンハイム、デイビス 2006『不都合な真実』［原題――An Inconvenient Truth. directed by Davis Guggenheim］／米／ヴィスタヴィジョン／ドルビーデジタル／９６分／日本語字幕　石田泰子／パラマウント・クラシックス／UIP映画配給／提供：博報堂ＤＹメディアパートナーズ
『不都合な真実』パンフレット 2007、博報堂ＤＹメディアパートナーズ
紀野一義 1981『「般若心経」を読む』講談社現代新書
同 1987『「般若心経」講義』ＰＨＰ文庫
公方俊良 2004『空海たちの般若心経』日本実業出版社

同 2006『CD付き　はじめての「般若心経」写経練習帖』岡田崇花書、ナツメ社
黒崎宏 2007『理性の限界内の『般若心経』　ウィトゲンシュタインの視点から』春秋社
玄侑宗久 2006『現代語訳　般若心経』ちくま新書
幸津國生 1991『哲学の欲求　ヘーゲルの「欲求の哲学」』弘文堂
同 1996『現代社会と哲学の欲求』弘文堂
同 1999『意識と学　ニュルンベルク時代ヘーゲルの体系構想』以文社
同 2001『「君死にたまふことなかれ」と『きけ　わだつみのこえ』・「無言館」——近代日本の戦争における個人と国家との関係をめぐって——』文芸社
同 2002『時代小説の人間像——藤沢周平とともに歩く——』花伝社
同 2003『茶道と日常生活の美学——「自由」「平等」「同胞の精神」の一つの形—』花伝社
同 2004『『たそがれ清兵衛』の人間像——藤沢周平・山田洋次の作品世界——』花伝社
同 2005『ドイツ人女性たちの〈誠実〉——ナチ体制下ベルリン・ローゼンシュトラーセの静かなる抗議——』花伝社
同 2006『『隠し剣　鬼の爪』の人間像——藤沢周平・山田洋次の作品世界2——』花伝社
ゴンダ、J 1990『インド思想史』鎧淳訳、中公文庫 [In: J.Gonda::Inleiding tot het indische denken. Antwerpen 1948, pp.9-163]
櫻岡　寛 1994「般若経」『岩波講座　日本文学と仏教　第六巻　経典』岩波書店、165-184
佐々木俊尚 2006『グーグル　Google 既存のビジネスを破壊する』文春新書
佐々木良一 1999『インターネットセキュリティ入門』岩波新書
静　慈圓 2001『梵字で書く般若心経』朱鷺書房
鈴木謙介 2007『ウェブ社会の思想　〈遍在する私〉をどう生きるか』ＮＨＫブックス

瀬戸内寂聴 1991『寂聴 般若心経 生きるとは』中公文庫
立川武蔵 2001『般若心経の新しい読み方』春秋社
同 2003『空の思想史』講談社学術文庫
立松和平監修 2001『日本最古 隅寺版 紺地金泥般若心経』小学館文庫
ダライ・ラマ14世テンジン・ギャツォ 2004『ダライ・ラマ 般若心経入門』宮坂宥洪訳、春秋社［Gyatso, Tenzin, the 14th Dalai Lama : Essence of the Heart Sutra.Boston 2002］
藤堂憶斗 2006『脳いきいき!般若心経硬筆写経帖』大瀧象鳳書、小学館
中村元監修 2004『見て、聴いて安らぐ般若心経の世界』丸山勇写真、堀内伸二解説、学習研究社
西垣通 2001『ＩＴ革命――ネット社会のゆくえ――』岩波新書
同 2007『ウェブ社会をどう生きるか』岩波新書
西村公朝 2002『わが般若心経』新潮文庫
藤原新也 2006「群れなす感情増幅の時代」、「時流自論」欄、朝日新聞 2006.10.2
古瀬幸広・広瀬克哉 1996『インターネットが変える世界』岩波新書
松長有慶 2006『空海 般若心経の秘密を読み解く』春秋社
松原哲明 2006『こころの時代――宗教・人生――般若心経を語る 1―4』ＮＨＫ（ＤＶＤ）
三田誠広 2007『般若心経の謎を解く 誰もがわかる仏教入門』ＰＨＰ文庫
宮坂宥洪 2004『真釈 般若心経』角川ソフィア文庫
宮崎忍勝 1993『現代人のための般若心経』河出文庫
宮元啓一 2004『般若心経とは何か――ブッダから大乗へ』春秋社
村井純 1995『インターネット』岩波新書

同 1998『インターネットII』岩波新書
森健 2006『グーグル・アマゾン化する社会』光文社新書
柳沢賢一郎 2001『IT革命　根拠なき熱狂』講談社＋α新書
山名哲史 2001『CDBOOK　声に出して読む　般若心経』明日香出版社
山中　元 2004a『梵字・サンスクリット文字の第一歩』国際語学社
同 2004b『サンスクリット文法入門——般若心経、観音経、真言を梵字で読む——』国際語学社
義江彰夫 1996『神仏習合』岩波新書
吉田津由子 2007「特集　悟りとは何か、彼岸とは何処か　『般若心経』を唱える、聴く」『サライ』小学館、2007年4号（2007.2.15）,109-122（特別付録「サライ・オリジナルCD　読経『般若心経』」松原哲明・信樹・行樹）
吉田文和 2001『IT汚染』岩波新書

●「付論一　実践の原理に関する空の立場——西谷啓治の「空の哲学」を手がかりに——」

Abe, Masao［阿部正雄］1971: Dogen on Buddha Nature: The Eastern Buddhist. New Series. Otani University Kyoto.IV/1(1971)28-71.
道元 1970『正法眼蔵』『道元上　日本思想大系12』、寺田透／水野弥穂子校注、岩波書店［文庫版］同（二）、水野弥穂子校注、岩波文庫 1990.［現代語訳］『全訳正法眼蔵　巻一』中村宗一訳、誠信書房 1971.
Hegel,Georg Wilhelm:Gesammelte Werke. Bd.4(=GW 4). Hrsg. von Hartmut Buchner und Otto Pöggeler. Hamburg 1968.
Izutsu, Toshihiko［井筒俊彦］1979: Philosophie des Zen-Buddhismus. Hamburg.
Leibniz, Gottfried Wilhelm 1956: Principes de la Nature et de la Grace fondés en Raison. Monadologie.

Französisch-Deutsch. Hamburg.［邦訳］ライプニッツ『単子論』河野与一訳、岩波文庫 1951.
宮川透 1972「文化と価値」『岩波講座　哲学』第18巻、129-158
西田幾太郎 1966『西田幾太郎全集』、岩波書店　第17巻
西谷啓治 1961『宗教とは何か　宗教論集　一』創文社、『西谷啓治著作集』第一〇巻、創文社 1987［緒言を除き単行本とページ付けは同じ］、［ドイツ語版］Keiji　Nishitani: Was ist Religion ? Vom Verfasser autorisierte deutsche Übertragung　von Dora Fischer-Barnicol. Frankfurt am Main. 1982.
Suzuki, D.T.［鈴木大拙］1958: Die Große Befreiung. Zürich und Stuttgart.
瀧崎安之助 1975『情感の次元と創造主体』創文社
Waldenfels, Hans 1976: Absolutes Nichts. Zur Grundlegung des Dialogs zwischen　Buddhismus und Christentum. Freiburg/Basel/Wien 1976,^{2}1978, ^{3}1980.

●「付論二　歴史物語としての『愚管抄』――実践の原理をめぐって――」

1　主題的に取り上げた文献

『日本古典文学大系　86　愚管抄』岡見正雄／赤松俊秀校注、岩波書店 1967(=NK)
『日本の名著　9　慈円　北畠親房』永原慶二責任編集、中央公論社 1971(=NM9)
Rüsen, Jörn : Die vier Typen des historischen Erzählens. In : Koselleck, R. /Lutz,　H. / Rüsen, J. (Hrsg.) : Formen der Geschichtsschreibung. Theorie der Geschichte. Bd. 4. München 1982. 514-605. (=Rüsen)

2　関連する古典

『日本の思想　1　最澄・空海集』渡辺照宏編集、筑摩書房 1969(=NS)
『日本の名著　3　最澄　空海』福永光司責任編集、中央公論社 1977(=NM3)

3　研究文献

尾藤正英 1963「日本における歴史意識の発展」、『岩波講座　日本歴史　22』岩波書店、1-58
原田隆吉 1965「鎌倉時代の歴史思想――末法思想の超克――」、日本思想史研究会編『日本における歴史思想の展開』吉川弘文館、101-129
石田一良 2000『愚管抄の研究　その成立と思想』ぺりかん社
『岩波哲学・思想事典』岩波書店 1998
『日本史小辞典』山川出版社 1957
野家啓一 1990「物語行為論序説」『現代哲学の冒険　8　物語』岩波書店、1-76
大隅和雄 1999『愚管抄を読む　中世日本の歴史観』講談社学術文庫
Petzold, Bruno 1982 : Die Quintessenz der T'ient'ai Lehre. Eine komparative Untersuchung. Wiesbaden
末木文美士 1996『日本仏教史――思想史としてのアプローチ――』新潮文庫
多賀宗隼 1959『慈円』吉川弘文館
田村圓澄／黒田俊雄／相良亨／源了圓編 1974『日本思想史の基礎知識』有斐閣
『哲学事典』平凡社 1971

あとがき

本書は、拙稿「『般若心経』における空の立場――「色即是空　空即是色」――」『社会福祉』日本女子大学社会福祉学科・社会福祉学会47(2007.3), 15-44を基にし、さらに同「実践の原理に関する空の立場」同40(2000.3),70-80、同「歴史物語としての『愚管抄』――実践の原理をめぐって――」同43(2003.3),11-26を付論として付け、出版に向けこれらに筆を加えたものである。後の二つについては、前者は空の立場についての哲学的考察に関わるものとして（内容に即して副題を付けた）、後者は空の立場を含む広い意味での仏教の立場においては欠如していると言われる歴史意識（立川2001:217参照）をめぐって考察したものとして本書に収めることにした。

本文で述べたように、われわれは「いま」めまぐるしく変化する世界の中で「これから」の方向を見失っているように思われる。この事態に何とか対応するための手がかりを「むかし」の文化的伝統のうちの「空」の立場に見出すことはできないであろうか。空の立場を取り上げることは、内容的に「いま」の状況に対応している。というのも、空の立場こそ、あらゆるものの変化についてわれわれに教えてきたものに他ならないからである。ここに変化というものをめぐって、われわれがこれをどのように捉え、これに対してどのような態度を採るべきかという実践の原理について考える手がかりとしたい。

空の立場に対して、われわれはほど遠いところに立っている。このことを本書は一般人の立場に立っていることとして理解している。

ところで筆者は主題的には「哲学の欲求」および「意識と学」という問題構成のもとにヘーゲル哲学の文献学的研究（幸津 1991;1999）に取り組んでいる。これを基礎篇とするならば、本書は、（同 1996;2001;2002;2003;2004;2005;2006 と並んで）応用篇の一つをなすものである。内容的には空の立場に関して言及した同 1996（247、本書付論Ｉ参照）が関わっている。また広い意味での仏教について同 2003 で（同 2004 でも間接的ながら）言及した。そのように見ると空の立場ないし仏教については筆者なりにその周辺をめぐっていたことになろう。このことは基礎篇とも無関係ではない。

本書における一般人の立場と空の立場との関係においては「意識と学」という問題構成に関わる論点がある。この問題構成の文脈で言えば、前者が「意識」にあたる。後者が「学」にあたるであろう。「色即是空　空即是色」という対句が空の立場としての「学」の展開を示しているということになるであろう。あるいはこの対句のうちに実践のプロセスを見るならば、そこに一般人の立場があろう。「いま」めまぐるしく変化する世界の中で一般人が唱える「掲帝　掲帝……」という真言は「哲学の欲求」（ただし「哲学の欲求」そのものではなく、これに近づこうとする「哲学への欲求」）にあたると言えよう。

このように拙いものにすぎないが、それでもとにかく本書をまとめることができたのは、多くの方々のおかげである。文献の探索・収集についてお世話になった林香里氏（日本女子大学大学院博士課程後期）に、勤務先に付属する西生田生涯学習センターの公開講座「午後のサロン」で林氏のピアノ演奏を一緒に楽しむとともに筆者の拙い話を聴いてくださった受講者の方々に、公開講座の企画を受け容れてくださり、かつ実務の上でも支えてくださった勤務先関係者の方々に、分かりにくい授業を聴いてくださった学生の皆さんやゼミでの濃密な討論の中で問題意識の一般的な部分について筆者の思考を促してくださったゼミナリステンに感謝申し上げる。

最後になってしまったが、出版事情の厳しい中で、本書の出版に尽力してくださった花伝社平田勝社長、柴田章編集長に謝意を表する。

二〇〇七年八月一五日

著者

幸津國生（こうづ くにお）

1943 年 東京生まれ
東京大学文学部卒業
同大学院人文科学研究科博士課程単位取得
都留文科大学勤務をへて
ドイツ・ボーフム大学ヘーゲル・アルヒーフ留学（Dr.phil. 取得）
現在 日本女子大学勤務

【著書】

Das Bedürfnis der Philosophie. Ein Überblick über die Entwicklung des Begriffskomplexes "Bedürfnis","Trieb","Streben" und "Begierde" bei Hegel. Hegel-Studien. Beiheft 30. Bonn 1988

『哲学の欲求　ヘーゲルの「欲求の哲学」』弘文堂 1991

『現代社会と哲学の欲求—いま人間として生きることと人権の思想—』弘文堂 1996

Bewußtsein und Wissenschaft. Zu Hegels Nürnberger Systemkonzeption. Hegeliana 10. Frankfurt a.M./Berlin/Bern/New York/Paris/Wien 1999

『意識と学　ニュルンベルク時代ヘーゲルの体系構想』以文社 1999

『「君死にたまふことなかれ」と『きけ　わだつみのこえ』・「無言館」—近代日本の戦争における個人と国家との関係をめぐって—』文芸社 2001

『時代小説の人間像—藤沢周平とともに歩く—』花伝社 2002

『茶道と日常生活の美学—「自由」「平等」「同胞の精神」の一つの形—』花伝社 2003

『『たそがれ清兵衛』の人間像—藤沢周平・山田洋次の作品世界—』花伝社 2004

『ドイツ人女性たちの〈誠実〉—ナチ体制下ベルリン・ローゼンシュトラーセの静かなる抗議—』花伝社 2005

『『隠し剣 鬼の爪』の人間像——藤沢周平・山田洋次の作品世界 2 ——』花伝社 2006

Bewusstsein, Idee und Realität im System Hegels. Hegeliana 20. Frankfurt a.M./Berlin/Bern/Bruxelles/New York/Oxford/Wien 2007

【編書】

『ヘーゲル事典』（共編）弘文堂 1992

索　引

【人名】

【事項】

や

ら

わ

一般人にとっての『般若心経』――変化する世界と空の立場――

2007年11月20日　初版第1刷発行

著者 ――― 幸津國生
発行者 ―― 平田　勝
発行 ――― 花伝社
発売 ――― 共栄書房
〒101-0065　東京都千代田区西神田2-7-6 川合ビル
電話　　　03-3263-3813
FAX　　　03-3239-8272
E-mail　　kadensha@muf.biglobe.ne.jp
URL　　　http://kadensha.net
振替 ――― 00140-6-59661
装幀 ――― 澤井洋紀
印刷・製本 ― 中央精版印刷株式会社

ISBN978-4-7634-0506-7　C0010